Petra Franziska Killinger

Schmetterlingsflüstern

W0058345

Das Buch

Wie sollen wir den Tod unseres Kindes aushalten? Wie können wir weiterleben, wenn es Abend und Morgen auf der Erde wird – ohne unser geliebtes Kind? Und vor allem, wie geht es unserem Kind dort, wo es jetzt ist? Ist es geliebt, umsorgt und behütet im Licht? Das sind, den unendlichen Schmerz begleitend, die existenziellsten Fragen, denen sich Petra Franziska Killinger stellen muss, als ihre 20 Monate alte Tochter in dem Bruchteil eines Augenblickes aus dem Leben gerissen wird.

Das Buch beschreibt einfühlsam, wie die Eltern auf wundersame Weise durch die Trauer geführt werden und darüber hinaus Kraft und Mut zum Weiterleben verliehen bekommen. Es eröffnen sich ihnen Wege, dem verstorbenen Kind nahe zu sein, ihm in vielen Momenten zu begegnen. Sie lernen, der Kraft der inneren Stimme, der Poesie des Herzens, den Sinnlichkeiten und dem Himmel zu vertrauen.

Viele, die einen geliebten Menschen verloren haben, teilen die Erfahrung: Der Tote lebt nicht nur »im Herzen« weiter, sondern umgibt den Trauernden ganz unmittelbar und spürbar. Das Buch ermutigt, dieser Erfahrung zu vertrauen und aus ihr Kraft in der Trauer zu schöpfen.

Die Autorin

Petra Franziska Killinger, geb. 1959, war Verwaltungsleiterin an onkologischen und psychosomatischen Fachkliniken. Heute ist sie als Gesundheitsplanerin und freie Autorin tätig. Sie begleitet und unterstützt Menschen in ihrer Trauerarbeit. Sie lebt mit ihrer Familie in der Nähe von München. Weitere Informationen finden Sie unter www.schmetterlingsflüstern.com

Petra Franziska Killinger

Schmetterlingsflüstern

Wenn die Kinderseele heimkehrt

HERDER

FREIBURG · BASEL · WIEN

HERDER spektrum Band 6476

Hinweis:
Die Namen der Personen in diesem Buch
wurden zur Wahrung der Persönlichkeitsrechte
zum Teil geändert bzw. anonymisiert.

MIX
Papier aus verantwor-
tungsvollen Quellen
FSC® C083411

Titel der Originalausgabe:
Schmetterlingsflüstern. Botschaften einer Kinderseele
Copyright © 2005 Kösel-Verlag, München,
in der Verlagsgruppe Random House GmbH
ISBN 3-466-34488-3

© Verlag Herder GmbH, Freiburg im Breisgau 2012
Alle Rechte vorbehalten
www.herder.de

Umschlagkonzeption: Agentur RME Roland Eschlbeck
Umschlaggestaltung: Verlag Herder
Umschlagmotiv: © frogfisch – Fotolia.com

Satz: Layoutsatz Kendlinger Mediendesign, Freiburg
Herstellung: Clausen & Bosse, Leck

Printed in Germany

ISBN 978-3-451-06476-0

Inhalt

... UNSEREM TÖCHTERCHEN
VEDIKA DAPHNE MARIA KILLINGER
IN UNENDLICHER LIEBE

Prolog

»Der Mensch sieht nur,
was er versteht.«
(Johann Wolfgang von Goethe)

BEREITS DREI TAGE nach Freyas Beisetzung, in der wir ihren kleinen leblosen Körper, ihre verletzte Hülle, der Erde übergeben und unser Kind zur ewigen Ruhe gebettet haben, nehme ich meine Arbeit wieder auf. Ich erinnere mich deutlich, wie ich in diesen ersten Tagen nach dem Tod unserer Tochter unendlich traurig zur Klinik fahre. Mein Herz öffnet sich, sobald sich mein Blick an den entfernt stehenden mächtigen Bergen festmacht. Es sind noch immer sehr warme, goldene Spätsommertage, die morgens ihr bezaubernd helles Licht auf die Massive werfen. An manchen Tagen ragen die Bergkuppen mit ihren kleinen, glitzernden Schneefeldern in die vorbeiziehenden Wolken hinein, auch heute. Wehmütig blicke ich hinauf zu den Gipfeln. Und in diesem Moment, nur für den Bruchteil eines Augenblicks, überkommt mich ein unglaublich gewaltiges und berührendes Gefühl, dass die Seele unseres kleinen Mädchens dort oben umherfliegt, genau dort, zwischen den Bergen, hoch, ganz hoch, in den leisen Wolkengruppen, frei und unbeschwert ... Aber das Gefühl stimmt mich nicht froh, nein, es macht mich noch trauriger. Ich möchte nicht, dass die Seele unseres Kindes *irgendwo* umherfliegt oder *irgendwo* im Himmel ist. Und in diesem Augenblick wird mir klar, ich werde es ganz gewiss erfahren. Ich werde erfahren, wo unser Kind jetzt ist, denn ich werde mich auf die Suche begeben, um Freyas Seele zu finden.

Wie einst die kleine einsame Nixe Mummelchen, werde ich meinen Sumpf verlassen und mich auf den Weg machen, um unser Kind und all die anderen Seelen, die uns vorausgegangen sind, zu suchen. Ich werde nicht nachlassen, zu klären, was der Himmel ist, und werde nicht warten, bis auch ich mich irgendwann von dieser Welt verabschieden darf. Ich will *jetzt* verstehen lernen! Ich will mehr erfahren *»von den Engeln, die des Himmels (hehre) Wonne tauschten mit der Erdensonne«* (R. WAGNER/M. WESENDONCK). Und ich werde Freyas Geschichte aufzeichnen, so wie ich es ihr in der Nacht nach ihrem Tod versprochen habe, werde rückwärts träumen und den Menschen von unserem entzückenden, so besonderen kleinen Mädchen erzählen, von unserem Engel, und von seiner Botschaft, die er hinterlassen hat – und nichts soll vergessen sein. Aber ich werde mein sehnsüchtiges Suchen auch an der Gegenwart und der Zukunft festmachen und vielleicht vieles mehr verstehen lernen.

Der Tod unseres Kindes traf uns grausam und vollkommen unvermittelt, mitten ins Herz. Ist das Herzeleid, das wir mit dem Tod unseres Kindes erfahren und durchleben müssen, Teil von einem großen Gottesplan oder vielmehr noch, haben Freya, Thomas und ich uns diese bittere Erfahrung in unser eigenes Lebensbuch geschrieben? War unsere Tochter auf ihren Tod vorbereitet – hat unser Kind seinen nahenden Tod erahnt? Wurden wir Eltern auf diesen Abschied vorbereitet? Fragen über Fragen. Und ich spüre bereits in den ersten Minuten, nachdem mich die Todesnachricht erreicht hat, dass es Antworten gibt ...

In demselben Augenblick, in dem ich erfahre, dass Freya tot ist, werde ich geradezu zwanghaft an unsere letzten gemeinsamen Stunden erinnert. Da kehrt nochmals der frühe Morgen zurück, an dem unser Kind wie üblich fröhlich den Tag begrüßt, an meiner Seite im Bad herumtollt, mit der Kugelente spielt und eifrig meine Waden eincremt. Ich sehe mich unser kleines Mädchen an mich drücken und es küssen: »Mäuslein, Mami hat dich ganz, ganz, ganz toll lieb!«, bevor ich das Haus verlasse, um in die Klinik zu fahren, und ich höre Freya sprechen: »*Mami, Arbeit fahren – da (wo) Hirsch ist, ja?!*« Freya meint den imposanten, lebensgroßen Hirsch aus Bronze, der vor dem Haupteingang der Klinik steht. Und auf meine Frage, wann ich wieder zu Hause sein werde, folgt ihre spontane Antwort: »*Bald ... Mami da ist!*« Mein inneres Auge blickt zurück, wie ich mit meinem Wagen nochmals vor der Haustür halte, um unserem Töchterchen eine Kusshand zuzuwerfen, und wie sie mir auf den Armen von Birgit, dem Kindermädchen, ebenfalls ein Bussi zuwirft und zum Abschied eifrig winkt: »*Ciao, Ciao, Mami!*« Welch ein schmerzendes Szenario, und unwillkürlich folgt die Erinnerung an unseren letzten gemeinsamen Abend.

Nach dem Abendessen gieße ich die Rosen im Garten, und Freya hilft mit ihrer kleinen roten Gießkanne emsig mit. Als wir die Rosen vor dem Haus wässern, sehen wir die Kinderfrau von Lukas, dem kleinen Nachbarjungen, die mit ihrem putzigen Mischlingshund spazieren geht. Freundlich lächelt sie uns zu, und unsere Tochter darf den Hund streicheln. Plötzlich schaut Freya auf, ergreift meine Hand und macht wieder einmal darauf aufmerksam, dass die Kirchenglocken läuten: »*Glocken bim-bam-bum machen. Lauen (Schauen), (wo) liebe Gott wohnt, Maria und Jesus-Kind. Lauen, (wo) liebe Gott ist. Liebe Gott fröhlich ist, liebe Gott lachen!*« Ich knie mich hinunter zu unserem Töchterchen und bestätige lächelnd: »Ja, Mäuslein! Tatsächlich, die Glocken läuten. Ja, der liebe Gott ist fröhlich ...«, und unser Kind strahlt mich an. Erstaunt schaut die Kinderfrau zuerst auf Freya und dann fragend auf mich. Und ich gebe zu, ihre offensichtliche Verwunderung ist mir eine Sekunde lang unangenehm, weshalb ich ganz selbstverständlich, nahezu beiläufig antworte: »Unsere Tochter hat ein feines Gehör. Sie macht uns immer auf das Glockenläuten aufmerksam.« Dabei weiß ich sehr genau, dass da mehr ist, und kann es mir noch immer nicht erklären.

Und dann, während der Heimfahrt von der Klinik nach Hause, auf dem Weg zu Thomas und unserem toten Kind, fühle ich, dass die Worte unseres Kindes eindeutig ein Hinweis auf das waren, was auf unsere kleine Familie mit aller Wucht zurollte. Ja, da hat es zweifellos Vorzeichen gegeben, dass unser kleines Mädchen von dieser in die jenseitige Welt gehen wird.

Es macht uns traurig und ist dennoch ungemein tröstlich, dass wir manche Zeichen von unserem Kind selbst vermittelt bekommen haben und noch immer bekommen. Weitere (Vor-) Ahnungen, Signale und Botschaften werden uns erst Wochen und Monate später ins Bewusstsein gerufen. Mit der Summe all dieser Zeichen wird nach und nach klar, dass wir Freyas Tod nicht hätten verhindern können, denn all diese Geschehnisse deuten auf einen tatsächlichen Gottes- und Lebensplan hin, der keineswegs mit dem physischen Tod zu Ende ist, und auf das silberne Band, durch das wir auf ewig miteinander verbunden bleiben.

Um das zu verstehen, erzähle ich die Geschichte von Anfang an ...

1 Die Raupen

Ich bin sicher, dass wir uns die Eltern und die Umstände, in die hinein wir geboren werden, lange vor unserer Geburt aussuchen. Die kleine Dorfbauernschaft Gaupel im westlichen Münsterland war meine Wahlheimat. Jedenfalls verbrachte ich hier, auf dem Bauernhof meines Großvaters Opa Anton, meine ersten Lebensjahre, gemeinsam mit meinen Eltern, meinem ein Jahr älteren Bruder Stefan und dem zwei Jahre jüngeren Bruder Alfred. Meine Großmutter Omi Antonia war bereits viele Jahre zuvor gestorben, jung und vollkommen unerwartet, weshalb meine Mutter im elterlichen Betrieb mitarbeitete.

Auf dem Hof lebten außerdem Onkel Heinrich, der jüngere, noch unverheiratete Bruder meiner Mutter, und eine Hausangestellte und entfernte Großcousine meines Großvaters, die wir Kinder respektvoll Tante Grete nannten. Auch Pensionsgäste, wie Lehrer, die in der unweit entfernten Stadt Coesfeld unterrichteten, fanden ein Zuhause auf dem großväterlichen Hof, der ausreichend Platz und herzhaft-leckere Verpflegung aus eigener Herstellung bot.

Die Bewirtschaftung des Hofs mit Milchvieh, Schweinen und allerlei Federvieh sowie der wenige Ackerbau dienten vor allem dem Eigenbedarf, während das Hauptaugenmerk sich auf das Milchgeschäft konzentrierte, mit dem meine Familie die Menschen der angrenzenden Stadt in einem damals noch üblichen Von-Haus-zu-Haus-Geschäft mit Milch und verschiedensten Milchprodukten versorgte. Der riesige weißgraue Milchwagen wurde mitsamt schwerem Milchtank und

Milchkannen, die mir als kleinem Mädchen so mächtig und groß erschienen, von dem Lieblingspferd meines Großvaters gezogen, und Opa Anton selbst thronte samt Lieblingshofhund Nero auf dem Kutschbock. Ein Bild, an das ich mich zärtlich erinnere. Ein Bild, das es nicht mehr gibt, das heute der guten, alten Zeit zugeordnet wird.

Mein Bruder Stefan und ich waren in diesen Kindheitsjahren ein unzertrennliches Gespann und statteten unserem Großvater oder unserer Mutter gerne einen kurzen Besuch im Stall ab, vorzugsweise wenn die Kühe gemolken wurden. Erwartungsvoll öffneten wir unsere kleinen Münder und genossen den kurzen Strahl lauwarmer Kuhmilch; eine direkte Versorgungseinheit vom Produzenten zum Endverbraucher. Und wir haben diese ernährungsunwissenschaftlichen Attacken überlebt und gediehen prächtig. Es waren einfach wundervolle Jahre in einer idyllischen und für uns Kinder höchst spannenden Umgebung.

Auch mein Vater übernahm in seiner freien Zeit verschiedene Aufgaben auf dem Hof, jedoch ganz sicher nicht immer zu seinem Vergnügen, denn er war ein sogenanntes Stadtkind und ging Beruf und Karriere in der Kreisstadt nach. Eindeutig war, dass es zwischen meinem intelligenten Stadtvater und den sensiblen, aber nicht minder intelligenten Landschweinen Meinungsverschiedenheiten gab, bei denen die Schweine ihren Heimvorteil nutzten und dem armen Städter gelegentlich spontan ins Bein bissen. Ganz bestimmt war er erleichtert, als er mit uns in die Stadt zog, nachdem Onkel Heinrich sich verheiratet und damit gleichzeitig den Hof übernommen hatte, was damals üblich war. Zu dieser Zeit war ich gut vier Jahre alt und erinnere mich, dass Stefan und ich uns nur schwer einlebten und, wann immer es möglich war, unseren Großvater und Onkel auf dem lebhaft pulsierenden Hof besuchten. Aber da war auch der tröstende Neubeginn mit unserer liebevollen

Mutter, die jetzt so richtig Zeit für ihre Familie hatte, gern und viel mit uns sang, malte, bastelte, tolle Geschichten erzählte und kleine Ausflüge unternahm.

Ein Jahr später ging Opa Anton auf die Reise zu Omi Antonia. Ich war zu klein, als dass ich seinen Tod begriffen hätte. Auch gab es bald Familienzuwachs. Meine Schwester Barbara wurde geboren, was ich wahnsinnig aufregend fand. Nur zu gern übernahm ich die Aufgaben der großen Schwester. So wuchs ich im Kreis meiner bunten Familie heran und verließ viele Jahre später als junge Frau die westfälische Heimat.

Ich zog vor die Tore Frankfurts, in die Rosenstadt Bad Nauheim, die ihre Geschichte als historisch prominentes Kurbad schreibt und einst Treffpunkt des internationalen Hochadels und bedeutender Kunstschaffender war. Ein Jugendstilbad, in dem schon Kaiserin Elisabeth (Sissi) von Österreich badete oder der große Komponist Richard Strauß, und auch der indische Dichter und Philosoph Rabindranath Tagore, der als Mittler zwischen östlicher und westlicher Kulturwelt gilt und dessen Weisheiten mich heute in besonderer Weise berühren. Wenn ich mich mit einem Augenzwinkern als »Landei« bezeichnen darf, was ich in meinem Herzen stets bleiben werde, so schien ich nun einem Hauch von großer, weiter Welt zu begegnen.

Nach privat und beruflich bewegten Jahren begann ich in einer Klinik zu arbeiten, die zu jener Zeit ein noch junges Unternehmen war, das sich jedoch dank des zukunftsweisenden Konzepts in kürzester Zeit ein hervorragendes Renommee erarbeiten konnte und sich mit außerordentlicher Geschwindigkeit in der Kliniklandschaft platzierte. Dafür galt es allerdings, sich außergewöhnlich zu engagieren, weshalb ich mit aller Hingabe dieser spannenden Aufgabe nachging. Meine zweite große Leidenschaft war der Sport. Und beides konnte ich wunderbar nebeneinander in der Klinik leben, die Medizin und Sport unter einem Dach vereinte. Eine andere Passion jedoch, ja die wohl faszinierendste Leidenschaft in dieser Zeit, waren die Opernbesuche mit meiner allerbesten Freundin Ramona. Die unglaubliche Vorfreude auf die gemeinsamen Abende, die wir ein jedes Mal feierlich zelebrierten, die musikalischen Reisen, die wir so unendlich genossen – es war eine Welt, in die wir eintauchten und aus der wir nur schweren Herzens erwachten. Diese wundervollen Abende bleiben für mich unvergesslich. Und wie bizarr erscheint mir heute diese eine Szene unseres letzten Opernbesuches, bei dem wir uns *Madame Butterfly* von Giacomo Puccini ansahen ... *Die Mutter erahnt schmerzvoll den Abschied und singt tröstend ihrem schlafenden Kind:*

> *»Schlafe, mein Liebling,*
> *schlafe an meinem Herzen.*
> *Du bist bei Gott,*
> *und ich bin bei meinem Schmerz.*
> *Auf dich fallen die Strahlen*
> *der goldnen Sterne ...*
> *Schlafe, mein Kind.«*

Gerne behauptete ich damals, dass für eine feste Partnerschaft keine Zeit bliebe, denn schließlich erfüllten mich meine vielfältigen Interessen voll und ganz, und ich fühlte mich bei allem Aktionismus pudelwohl. Mit Mitte dreißig befand ich mich in der sogenannten Blütezeit meines Lebens und war vollends zufrieden. Na ja, bis auf wenige Kleinigkeiten vielleicht, von denen ich mich jedoch ganz bald und sehr schnell verabschieden sollte, als Thomas in mein Leben trat.

Eine Freundin hatte ihn »zu meinen treuen Händen« in die Klinik geschickt, und dort sollte man sich nun der schmerzenden Folgen seines Bühnenunfalls annehmen. Sie sandte mir ein Fax mit dem Inhalt: »Heute kommt Thomas in die Sport-klinik. Er hat um soundsoviel Uhr seinen Arzttermin. Ich hoffe, dass er die Klinik findet. Bitte schau doch nach ihm!« Ich musste schmunzeln. Ein erwachsener Mann sollte doch wohl selbstständig eine Klinik und den ihn behandelnden Arzt finden? Natürlich fand er die Klinik, und er fand mich. Während der Zeit unseres Kennenlernens war Thomas gerade auf Tournee mit »Was ihr wollt!« von William Shakespeare, aber an Engagement und Einfallsreichtum, meine Liebe zu gewinnen, mangelte es ihm trotz aller Entfernungen nicht. Das dokumentieren auch seine wundervollen, poetischen Briefe, die er schrieb. Thomas schrieb täglich, und er rief mich jeden Tag an. Die ersten umwerbenden Zeilen kamen aus der Schweiz, geschrieben auf einer wunderschönen Kunstdruckkarte von Pablo Picassos *Die Künstlerfamilie (The Acrobat Family)* – heute ein für mich sehr richtungweisendes Bild, das ich »Mutter mit Kind« genannt habe und das im Weiteren unser Leben bestimmen sollte. Für Thomas war es Liebe auf den ersten Blick, wie er mir später versicherte, und was ich nach wie vor immer wieder gerne höre. Er habe gespürt, dass ich die Frau seines Lebens bin, die er gewinnen, die er nicht mehr loslassen, die er heiraten wird. Das alles war ihm binnen Sekunden klar, als wir uns das erste Mal begegneten (mir nicht!). Und dieses Ziel verlor er zu keiner Zeit aus den Augen.

An den vereinzelten freien Tagen der Tournee fuhr er Hunderte von Kilometern, um sich mit mir zu treffen. Wir verbrachten die wenige Zeit mit nicht enden wollenden Gesprächen und fanden viele, viele Gemeinsamkeiten, in unserer Weise, die Welt zu betrachten, und in den Dingen, die uns in unserem Leben bedeutsam erscheinen, und obendrein in einer unserer wichtigsten Lebensgrundlagen – der Musik. Musik, die ich liebe und genieße, die mich inspiriert und die Thomas praktiziert. Da war eine Seelenverwandtschaft zwischen uns,

17

und wir spürten es beide. Ich war fasziniert von seiner Ausstrahlung, seiner unbeschreiblichen Herzenswärme, und ich mochte seinen Humor. Im Dezember wurden wir ein Paar. Und ab diesem Tag stand für Thomas fest: keine Wochenendbeziehung – keine kurzzeitige Liaison – keine getrennten Wohnräume – keine getrennt geträumten Träume – der Beginn eines gemeinsamen Lebens! Ein kolossaler Richtungswechsel, den ich ganz einfach geschehen ließ, denn auch ich spürte intuitiv, dass dies die konsequente Folge unserer Liebe ist.

Binnen drei Monaten suchten wir uns ein gemeinsames Heim und zogen in das wunderschöne Oberbayern, das uns mit seinem tief verschneiten Charme willkommen hieß. Schweren Herzens ließ ich alles, was mir bis dahin wichtig erschien, zurück. Und heute weiß ich, dass es die beste Entscheidung war, die ich jemals getroffen habe. In diesem Leben war mir bis dahin nichts Wertvolleres begegnet als mein Mann und seine Liebe. Mein Leben veränderte sich, von jetzt auf sofort. Was ließ ich zurück? Nichts, was wirklich von Bedeutung gewesen wäre! Meine innige Herzensbindung zu meiner verständnisvollen Vertrauten und allerliebsten Freundin Ramona blieb auch über die Entfernung bestehen. Und für diese Freundschaft bin ich sehr, sehr dankbar. Was nahm ich in mein neues Leben mit? Einige lieb gewonnene Möbelstücke, viele Erinnerungen und ... Rosen!

Rosenstöcke für den Garten, der ein wenig traurig aussah. Solange ich zurückdenken kann, liebe ich Blumen, und ganz besonders die Rose, die sogenannte Königin der Blumen. Die weit reichenden leuchtenden Rosenfelder Bad Nauheims, diese farbenprächtigen, duftenden Blütenmeere haben meine besondere Zuneigung zur Rose vertieft, die meiner Meinung nach ganz zu Unrecht als die stolzeste und hochmütigste aller Blumen bezeichnet wird. Für mich sind meine Rosen beschei-

den und schön. *Aufgrund unterschiedlicher sinnlicher und über-*
sinnlicher Erlebnisse haben die Rosen in zunehmendem Maße nun
auch eine metaphysische Bedeutung für mich bekommen, worauf ich
innerhalb meiner Erzählungen noch ausführlich eingehen werde.

Und ohne dass Thomas damals von dieser kleinen »Schwä-
che« wusste, waren es seit Anbeginn unseres Kennenlernens
Rosen, die er mir schickte. Herrliche Sträuße weißer Rosen,
mit einer einzigen roten Rose zwischen allen weißen, als Zeichen seiner Liebe. Mit viel Freude und Hingabe wurde aus
unserem neuen Heim ein Zuhause, und wir gaben uns alle er-
denkliche Mühe beim Retten, Umgestalten und Neubepflan-
zen des Gartens. Bereits im darauffolgenden Jahr ernteten wir
den Dank, denn insbesondere eine kleine Tanne, die Thomas
schon aufgegeben hatte, ich aber ganz besonders in mein Herz
schloss, präsentierte sich nun in voller Lebenskraft. Und meine
anmutigen Rosen streckten lachend die duftenden Blüten-
köpfe in die Sonnenstrahlen ihrer neuen Heimat.

Wenn sich der Tag dann neigte, schaute ich so manches Mal
hinauf in den unendlich erscheinenden Sternenhimmel, und
das funkelnde Leuchten der Sterne begegnete meinem bewun-
dernden Blick. Dann wusste ich, warum sich die Menschen in
Oberbayern dem Himmel ein Stück weit näher fühlen. »Wenn
Gott einst tatsächlich seine Sterne gezählt hat, dann muss er
sie hier gezählt haben, wo sie so viel strahlender, so viel näher
scheinen«, dachte ich. Jäh unterbrochen wurden diese Gedanken anfangs durch das Geräusch einer vorbeifahrenden Eisenbahn. Als wir uns das Haus aussuchten, hatte ich die eingleisige
Eisenbahnlinie, die lediglich durch einen Spazierweg und eine
Böschung von unserem Garten getrennt ist, überhaupt nicht
wahrgenommen. Vermutlich dämpfte damals der Schnee das
typische Rattern, das ein vorbeifahrender Zug verursacht. So
hörte ich die Eisenbahn erstmals in der tiefen Nacht in unserem neuen Zuhause, als wir uns erschöpft, aber glücklich in

unsere Bettdecken einkuschelten und rings um uns herum alles leise war. Ein Geräusch, an das wir uns aber sehr bald gewöhnten. *Und hätten wir in die Zukunft schauen können, so hätten wir sie gesehen, die Weber, wie sie fein unseren Schicksalsfaden spinnen, auf dass er zu einem Ganzen wird.*

Eine neue berufliche Aufgabe fand ich im Olympiastützpunkt München, einer Institution, die sich der Förderung deutscher Hochleistungs- und Kadersportler widmet. Nur einige Wochen später verspürte ich ein zunehmendes Unwohlsein. Schwindelgefühle begleiteten mich in regelmäßigen Intervallen. Nachdem dieser Zustand anhielt, riet Thomas mir: »Du solltest sicherheitshalber einen Schwangerschaftstest durchführen.« »Unsinn!«, dachte ich, »ich bin doch nicht schwanger!« Dennoch stimmte ich zu, und das Ergebnis war: Negativ – nicht schwanger. Selbstverständlich! Das hätte ich ihm vorher sagen können, und doch waren wir beide erleichtert. Trotz oder wegen der offensichtlichen Erleichterung philosophierte Thomas nun darüber, wie gut es sei, dass ich nicht schwanger sei. Er liebe Kinder, fände Kinder prächtig und gesellschaftlich wichtig, und ein manches Mal beneide er intakte Familien um ihr großes Glück, das sie nach außen tragen. Aber seine Profession als Komponist und Musiker, die ihn ständig von zu Hause fortführe, die Unbeständigkeit seines selbst erwählten Berufs- und Lebensbildes rieten ihm eindringlich von dem manchmal aufkommenden Wunsch ab, eine vollständige Familie zu gründen. Schließlich könne er nicht in dem notwendigen Umfang für sie da sein, wie es sich »gehören« würde. Ich hörte mir sein Referat an und verstand seine Aufregung nicht. Ich war nicht schwanger, und ich wollte auch gar nicht schwanger sein! Warum auch, wir waren doch auch so glücklich!?

Ein Unbehagen wegen des Schwindelgefühls blieb jedoch. Mit schlechtem Gewissen dachte ich darüber nach, dass seit der letzten Routineuntersuchung Jahre vergangen waren. Es könnte sicherlich nicht schaden, mich untersuchen zu lassen. Aus dem Telefonbuch wählte ich einen Gynäkologen aus und begab mich bereits am nächsten Tag vollkommen unbedarft in seine Praxis. Ich schilderte ihm als Grund für meinen Termin »Routinecheck« und fragte dennoch beiläufig nach dem Schwindelgefühl. Mit einem Nebensatz stellte der Arzt fest, dass eine Schwangerschaft auszuschließen sei. »Na bitte!« Trotzdem sollte ich noch einen Urintest durchführen, um eine Schwangerschaft zu *einhundert Prozent* auszuschließen. »Eine Schwangerschaft zu einhundert Prozent ausschließen?«, wiederholte ich in Gedanken und war ein wenig verstimmt. Ich hatte ihm erzählt, dass der wenige Tage zuvor von mir aus einer kleinen Unsicherheit heraus durchgeführte Test kein positives Ergebnis aufgezeigt hatte. Nun gut, dachte ich, ich werde ihm den Gefallen tun, aber das Ergebnis wird eindeutig dasselbe sein.

Einige Minuten später befand ich mich wieder in seinem Besprechungszimmer. Der Arzt saß mir gegenüber, strahlte mich an und sagte mit aller Selbstverständlichkeit der Welt: »Ich gratuliere Ihnen, Sie sind schwanger!«, und überreichte mir ein großartiges Geschenk in Form von fünf oder sechs Hochglanzbroschüren *Hurra, ich bin schwanger!*, *Wir bekommen ein Baby!*, *Ratgeber für werdende Eltern!* und ähnliche Titel, die ich nun mit viel Freude studieren sollte. Während sämtliches Blut aus meinem Körper zu entweichen schien, versuchte ich mich in einem Monolog mit dem Thema »Warum es zu *einhundert Prozent* nicht sein kann, dass ich schwanger bin!«. Der furchtbar nette, natürlich kinderliebe Arzt, der selbst viele kleine Racker hat, wie er mir ungefragt berichtete, war jedoch sehr wohl auf eine kontroverse Diskussion eingestimmt und hielt das überzeugendste Argument in seiner Hand: nämlich den Schwangerschaftstest mit entzückender babyrosa Färbung und eindeutigem Positiv-Zeichen. Freudestrahlend erzählte er von seinen Praxiserfahrungen. »Wie wunderbar sind doch ältere Eltern! Welch eine Gnade und welch ein Glück dürfen Sie erfahren, in Ihrem Alter noch ein Kind zu gebären! Durch ein Kind werden Sie wieder jung werden!« Welch charmantes Kompliment an eine 36-jährige Frau, die sich bis zu diesem Moment noch in der Blütezeit ihres Lebens fühlte!

Nebenbei hatte ich mich mit dem Thema Kinderwunsch auch wegen einer zurückliegenden Erkrankung zu keiner Zeit auseinandergesetzt. Naiverweise war ich tatsächlich der Meinung »Ich werde nicht schwanger!« und bezeichnete Kinder scherzhaft als »kleine, alles verschlingende Ungeheuer«. Meine Argumente schienen mein Gegenüber nicht im Geringsten zu beeindrucken. »Alles kein Problem, alles wird gut!« Und dann appellierte er nachdrücklich an mich: »Eine jede Schwangerschaft ist Gottes Wille. Manchmal setzt sich eine Schwangerschaft nicht bis zum Ende fort, aber auch das ist dann allein wieder der Wille und die Fügung Gottes!« »Und wo bleibt mein Wille und der von Thomas?«, dachte ich gequält. Mit einem flüchtigen Blick auf die Uhr war das Thema für den Arzt abgehandelt. Herzlichst verabschiedete er sich von mir mit diesem zuversichtlichen, allwissenden Lächeln, das ich kaum noch ertragen konnte.

Ordentlich versorgt mit einer schriftlichen Notiz meines nächsten Untersuchungstermins und mitsamt den stimmungsvollen Wir-werden-Eltern-Broschüren fuhr ich benommen nach Hause, wo Thomas mich mit einem auffordernden »Und?! Und, wie war's?!« erwartete, dem nun als Antwort hätte folgen müssen: »Alles okay, keine Sorge – alles wunderbar und bene! Statistische Erhebungen belegen, dass gelegentliches Unwohlsein in meinem Alter normal ist ...!« Ich setzte mich, rang nach Luft und erzählte Thomas die Wir-werden-Eltern-Wahrheit. Ich weinte. Tränen der Ratlosigkeit rannen über meine Wangen. Auch Thomas schien das erste Mal ratlos zu sein, aber er nahm mich tröstend in die Arme und versprach mir, dass alles gut werden würde: »Gemeinsam werden wir die richtige Lösung finden!«

Einer Unterbrechung der Schwangerschaft hatte ich bis zu diesem Tag stets ambivalent gegenübergestanden. Die vielfältigen Beweggründe, aus denen heraus Frauen sich dafür entscheiden, sind für mich zwar nachvollziehbar, aber wenn mich jemand gefragt hätte, ob ein Schwangerschaftsabbruch je für mich infrage käme, so hätte ich diese Frage mit absoluter Bestimmtheit verneint. Aber jetzt? Das Referat über Kinder, das ich am Tag zuvor von Thomas hörte, seine so plausibel erscheinenden Argumente, die dagegen sprachen, eine Familie zu gründen, klangen noch in meinen Ohren. Und doch, gleichzeitig schien sich der Gedanke an ein Baby zu manifestieren. Vor meinen Augen sah ich das Bild einer glücklichen Familie. Und dieses spontane Bild war seltsamerweise mehr als sympathisch. Aber das Bild schien doch allen anderen, vernünftigeren Argumenten zu unterliegen.

In diesem Wirrwarr von Gefühlen lag ich am Abend auf dem Teppich und stierte in den Fernseher. Ein verzweifelter Versuch, mich abzulenken, als Thomas aus dem Arbeitszimmer kam, um mir zu sagen, dass er noch längere Zeit mit Kompositionsarbeiten zubringen würde, ich solle mit dem Schlafengehen nicht auf ihn warten. Und dann folgte eine Geste, und mir wurde sehr warm ums Herz: Sanft streichelte er meinen Bauch und flüsterte zärtlich: »Gute Nacht, ihr zwei!«

Kurz darauf übernahm Thomas ein Engagement als Musikalischer Leiter in Baden-Baden. So saß ich an einem der ersten Junitage im tiefen Sonnenschein der heranrückenden Abendstunden allein auf der Terrasse und betrachtete meinen Bauch. Ehrlich gesagt, ich war fasziniert und verwundert, wie schnell die Bauchdecke an Weiblichkeit zu gewinnen schien und sich bereits eine kleine Wölbung gebildet hatte. Und genau in diesem Augenblick überkam mich ein unglaublich sanftes und warmes Gefühl. Ein Gefühl von großer Zärtlichkeit, ein großes Bedürfnis und Verlangen, diese kleine Wölbung zu behüten. Ja, es war der natürliche, beschützende Impuls einer werdenden Mutter, der sich ganz unvermittelt eingestellt hatte. Wie ein Wassertropfen, der langsam in ein gefülltes Glas fällt, so breitete sich das Gefühl zunehmenden Glücks mehr und mehr in meinem Körper aus, bis es selbst meine Finger- und Zehenspitzen wellenartig erfasst hatte. »Das ist die Antwort!«, jubilierte es in mir, »das ist meine Entscheidung – mein Ja zu unserem Baby!« All die Gegenargumente hatte dieser Glückstropfen mit einem Plumps verdrängt. Die linke Waagschale senkte sich tief, die Balkenwaage schien nur noch einseitig gefüllt zu sein. Ich lächelte und war mir sicher: »Ich werde unserem Kind eine liebevolle Mutter sein!«

Das erste Mal seit Wochen erwartete ich an diesem Abend völlig entspannt und dazu noch mit diesem unendlichen Glücksgefühl den gewohnten Anruf von Thomas im Anschluss an seine Vorstellung, unser allabendliches Gute-Nacht-Gespräch. Nicht lange, da läutete das Telefon und Thomas redete auf mich ein: »Nur noch eine Vorstellung, dann habe ich zwei spielfreie Tage und komme nach Hause. Und weißt du, ich habe lange Zeit nachgedacht.« Kleine Pause. »Nun ja, ich bin mir nun ganz sicher, Maus! Schau, wir müssen keine Angst haben ...« Ich konnte seinen Redefluss nicht unterbrechen, irgendetwas in seiner Stimme ließ es nicht zu, und er sprach weiter. »Mein Herz hat mir gesagt, was zu tun ist. Wir sollen ein Kind bekommen! Und wir schaffen das, nicht wahr, Liebling?!« »Ja«, flüsterte ich, »ja, wir werden ein Kind bekommen ...« Mit einem Mal hatte das Leben nach den Verunsicherungen der letzten Tage wieder an Liebreiz gewonnen, und alle Werte waren zurechtgerückt. Wir freuten uns auf unser Baby!

Und die Freude war umso größer, als der Kontrolltermin einen ordnungsgemäßen Verlauf der Schwangerschaft ergab.

Fröhlich gelaunt reisten wir kurz darauf in meine Heimat, und ich freute mich auf die Hochzeit meiner Schwester und das Wiedersehen mit meiner Familie, die ich so lange nicht gesehen hatte. Thomas legte bei der langen Autofahrt reichlich Pausen ein, um mich und unser Baby nicht zu strapazieren. Welch liebevoller Vater wird er sein ...

Am nächsten Abend fand ich nur schwer in den Schlaf und verbrachte eine sehr unruhige Nacht. Ich ordnete es der Schwangerschaft zu. Doch es war diese »kleine« Seele in mir, die sich von uns verabschiedete. Das wurde am nächsten Morgen deutlich. Ängstlich suchten Thomas und ich eine Ärztin auf. Während der Untersuchung verstummte sie, streichelte zart meine Hand und teilte mir mit, dass keine messbaren Herzschläge vorhanden wären, dass unser Baby tot sei. »Es tut mir sehr leid ... Aber bitte sind Sie nicht allzu traurig, ein oder zwei Fehlgeburten gelten statistisch als unauffällig! In Ihrem Alter können Sie in jedem Fall noch ein gesundes Kind zur Welt bringen«, versuchte sie mich sanft zu trösten. Ich mochte es nicht glauben, wollte dieser furchtbaren Wahrheit einfach nicht ins Auge sehen. Noch in der Woche zuvor hatte die Untersuchung ergeben, dass alles in wunderbarer Ordnung war. Wie konnte das sein? Tieftraurig beriet ich mich mit Thomas, der optimistisch vorschlug, eine zweite Meinung einzuholen und meinen Arzt anzurufen. Trotz unserer aufgeregten Erzählungen behielt mein freundlicher Arzt sich eine medizinische Erklärung vor. Er riet mir davon ab, in die Klinik zu gehen, gab mir für den kommenden Montag einen Kontrolltermin und wünschte mir ein schönes Wochenende. »Ist es nicht schön, einen Arzt zu haben, der für jedes Problem eine beruhigende Lösung parat hat?«, dachten wir. Und natürlich hofften wir insgeheim, dass es so und nicht anders ist.

Getröstet durch den zuversichtlichen Rat meines Arztes feierten wir die Hochzeit und genossen das Zusammensein mit meiner bunten Familie, die Thomas immer mehr in ihr Herz schloss. Am Sonntag verstauten wir nicht nur unser Gepäck im Auto, sondern nahmen obendrein auch meine Mutter mit, worüber ich mich sehr freute. Und ich betete: »Bitte, lieber Gott! Bitte lass ein Wunder geschehen ...« Aber die Ärztin schien recht zu behalten. Noch in derselben Nacht fuhren wir in die Klinik. Es folgte der Eingriff, den ich mit jeder Faser meines Herzens sehnlichst zu verhindern versucht hatte. Wir verloren unser Baby, das wir bereits lieb gewonnen hatten, auf das wir uns so sehr freuten.

In einem aber schien mein Arzt recht zu behalten, zwar nicht in seiner medizinischen Einschätzung, aber dass eine jede Schwangerschaft der Wille Gottes sei – dass sich manchmal eine Schwangerschaft nicht bis zum Ende fortsetzt, dass aber auch das dann allein wieder der Wille und die Fügung Gottes sei! Gottes Wille, Gottes Fügung? Der liebe Gott hatte seine Entscheidung getroffen, die uns noch eine lange Zeit traurig sein ließ. Wir verloren dieses kleine, wenige Monate zarte Leben. Und es blieb uns nur der wehmütige Gedanke an unser Sternenkind, das seinen Weg zu uns fand, sich aber so bald wieder von uns verabschiedete. Aber wir vernahmen die Botschaft sehr wohl; etwas in unserem Leben hatte sich essenziell verändert. Da war eine Liebe, die für weit mehr als nur für uns zwei reichte. Da war der innige Wunsch, diese Liebe an ein Kind weiterzugeben, eine vollständige Familie zu gründen. So trösteten wir uns und waren zuversichtlich – »Ja, wir werden ein Kind bekommen!«

Am Abend des 2. Dezember folgte, was konsequenterweise folgen musste. So wie Thomas bereits seit unserer ersten Begegnung gewusst hat, dass ich die Frau seines Lebens bin, die er gewinnen und nicht mehr loslassen wird, so hat er dieses Ziel tatsächlich nicht aus den Augen verloren. Er warb um meine Hand. Wie sagte einst Sokrates? »Heirate nur. Bekommst du eine gute Frau, wirst du sehr glücklich werden. Bekommst du eine schlechte Frau, wirst du Philosoph!« Das Zitat hat Thomas wohl kaum beeindruckt, allein die Antwort war ihm wichtig, denn nun befanden wir uns endgültig auf einem gemeinsamen (Lebens-)Weg und planten die Hochzeit für den Frühsommer des kommenden Jahres.

Genau am Heiligen Abend bemerkte ich ein vertrautes Schwindelgefühl. Thomas fuhr bereits am zweiten Weihnachtsfeiertag zurück nach Baden-Baden, um die Silvester-Gala vorzubereiten. Und kaum, dass er abgereist war, holte ich meinen Kalender hervor und begann zu rechnen. Um der immer größer werdenden Nervosität und Aufregung entgegenzuwirken, startete ich eine für mich typische Aktion. Ich denke, dass jeder von uns für diese aufregenden Momente im Leben sein eigenes wirksames Rezept hat. Mein persönliches Aktionsrezept heißt »Hausputz!« und ist mein bewährtes Mittel, um positiven oder negativen Stress abzubauen und damit zur gewohnten Gelassenheit zurückzufinden. So endete diese Aktion in einer großen Putzkampagne, bei laut schallendem Gesang von Luciano Pavarotti, obwohl ich das gesamte Haus erst kurz vor dem Weihnachtsfest wirklich gründlich gesäubert hatte.

Am vorletzten Tag des Jahres führte ich dann endlich den Schwangerschaftstest durch. Ungeduldig wartete ich dennoch einige Minuten länger als vorgeschrieben und hielt das Ergebnis in meinen vor Aufregung zitternden Händen. Wahrhaftig, ein eindeutiges Ergebnis: Schwangerschaft – positiv! »Ich bin schwanger! Ich bin tatsächlich schwanger! Mein Gott, ich danke dir – wir bekommen ein Baby!« Ich war überglücklich. Immer und immer wieder prüfte ich das Testergebnis, um ganz sicher zu sein, dass es sich nicht noch veränderte und ich mich nicht zu früh gefreut hatte. Überschwänglich küsste ich den Testkreisel. »Oh, ich liebe deine entzückende babyrosa Färbung und dein eindeutiges Positiv-Zeichen!«

Nur zwei Wochen zuvor hatte meine Schwester Barbara meinen Patensohn Maximilian geboren, und wir freuten uns mit der ganzen Familie über den munteren kleinen Neuankömmling. Wie überglücklich wird meine Familie sein, wenn sie von unserer zweiten Chance erfährt! Ich musste nicht lange überlegen, auf welche Weise ich Thomas die freudige Nachricht mitteilen würde. Ich kaufte einen niedlichen Schnuller und legte ihn zusammen mit dem ersten Ultraschallbild sorgfältig in ein dunkelblaues Pappkästchen, wickelte es in ausgesuchtes Papier und vollendete mein Werk mit einer großzügigen Schleife. »Ja, der Start des neuen Lebens, das in mir heranwächst, soll dieses Mal festlich beginnen.« In der Theater- und Musikbranche ist es üblich, den Protagonisten und allen Produktionsbeteiligten anlässlich einer Premiere ein kleines Geschenk, ein sogenanntes »Toi-Toi-Toi«, zu überreichen. Eine Silvester-Gala ist somit ein schöner Anlass, den werdenden Vater mit der wunderbaren Nachricht in Form eines Premierengeschenks zu überraschen. Im gewissen Sinne ist es ja eine Premiere für uns – und wir sind vorbereitet, um das Präsent mit offenen Armen zu empfangen. Am Silvestermorgen fuhr auch ich nach Baden-Baden. Und der Inhalt meines kleinen Pappkästchens tat seine rührende Wirkung.

So begann dieses neue Jahr voll zuversichtlicher Hoffnung, dass sich ein, zwei Träume erfüllen sollten. Bereits Mitte Januar gab es hingegen das erste böse Erwachen. Thomas hatte sich zum Ende des alten Jahres, nach anfänglichem Zögern, mit einer seiner Musicalkompositionen in ein musikalisches Großprojekt einbinden lassen. Wie sich nunmehr herausstellte, waren alle Beteiligten, und auch Thomas, Projekt- und Anlagebetrügern im großen Stil aufgesessen. Die Musikbranche allein ist schon hart genug, aber dieser Erfahrung hätte es nun wirklich nicht bedurft. Unabhängig von dem mentalen Scherbenhaufen entstand ein immenser wirtschaftlicher Schaden, an dem wir sehr schwer zu knabbern hatten und unsere ersten traurigen Erfahrungen mit der mühsam arbeitenden deutschen Gerichtsbarkeit sammelten. Gleichwohl versuchten wir, gelassen zu bleiben und nach vorn zu schauen, was uns an manchen Tagen eine unglaubliche Disziplin abverlangte. Die freudige Erwartung unseres Babys jedoch baute uns so manches Mal auf, ließ uns gegen die Ohnmacht ankämpfen und ermahnte uns, auf das zu schauen, was im Leben nachhaltig wichtig ist. Intensiv bemühte ich mich, unser heranwachsendes Baby jeglichen Kummer, den auch ich wegen der Betrugsgeschichte empfand, nicht spüren zu lassen. Aber die Seele folgte einem anderen Stern ...

Wir vernahmen die grausame Wahrheit. Das Herz unseres Babys, es schlug nicht mehr. Dieses Mal brauchten wir keine zweite Meinung einzuholen. Es war der 6. Februar, und wieder fuhr Thomas mich in die Klinik am Tegernsee. Und wieder erinnerte ich mich der Worte: »Eine jede Schwangerschaft ist der Wille Gottes. Manchmal setzt sich eine Schwangerschaft nicht bis zum Ende fort, aber auch das ist dann allein wieder der Wille und die Fügung Gottes ...« Einmal mehr sah ich Gottes erhobenen Zeigefinger, spürten wir Seinen schmerzlichen Willen und folgten Seiner tragischen Fügung?! Wieder verloren wir ein kleines, drei Monate zartes Leben, das wir so lieb gewonnen hatten. Da tröstet keine Statistik mit ihrer wissenschaftlichen Behauptung, dass ein oder zwei Aborte »statistisch unauffällig« sind! Da bleibt uns nur der wehmütige Gedanke an unser zweites Kind, das seinen Weg zu uns zwar fand, sich aber wieder verabschiedete. Da waren wir ganz leise und ganz traurig ... aber auch diese Erfahrung sollten wir offensichtlich machen. Die klinische Untersuchung ergab keinen Hinweis auf eine genetische Störung. Wir hätten einen gesunden Jungen bekommen. Das machte uns nochmals traurig. Wehmütig dachte ich an unsere beiden Sternenkinder und an meine wunderschöne Kunstdruckkarte *Mutter mit Kind*, die Thomas mir aus der Schweiz geschickt hatte. Wird dieses Bild eine Fiktion bleiben?

2 Die Puppe

DIE HOCHZEITSVORBEREITUNGEN lenkten uns ein wenig von unserem Kummer ab. Für unser Ja-Wort hatten wir das erste Wochenende im Juni in der romantischen Kulisse von Rottach-Egern am Tegernsee vorgesehen. Es war eine traumhafte Hochzeit bei Bilderbuchwetter. Da Thomas beruflich viel reisen musste und meine Arbeit im Stützpunkt überschaubar war und mir ausreichend freie Zeit ließ, nahm ich ein Fernstudium an der Universität Bielefeld auf. Meine Intention lag dabei nicht in einer erhöhten beruflichen Qualifikation, sondern es waren ganz einfach die Themeninhalte der Gesundheitswissenschaften, die mich interessierten. Außerdem führten mich die monatlichen Präsenzphasen wieder in meine westfälische Heimat. *Und doch, im Verborgenen, da webten die Nornen weiterhin eifrig am unsichtbaren Schicksalsfaden.* Denn genau diese Erfahrungen sollten mich später in eine Klinik führen, in der die Menschen mit dem Leben oder dem Tod rangen.

Es folgte eine überaus bewegte Zeit, in der mein liebevoller Mann mir zu jeder Zeit mit Rat und Tat zur Seite stand. Im Gegenzug nahm ich manche Verpflichtung an seiner Seite wahr oder bekochte und verwöhnte ihn, wann immer er zu Hause sein konnte. Ja, wir nahmen das Leben so an, wie es sich uns präsentierte, mit all seinen Problemen und all seinen Chancen. So zogen die Monate dahin, und einmal mehr neigte sich ein Jahr dem Ende zu.

Wir lieben Weihnachten und zelebrieren diese Tage jedes Jahr sehr, sehr feierlich. Nicht weit entfernt von uns befindet sich auf einer Anhöhe ein malerisches kleines Franziskanerinnenkloster. Es ist bereits Tradition, dass wir am Heiligen Abend die Christmette im Kloster Reutberg besuchen, die in besonders sinnlichem Rahmen gestaltet wird. Während das »Stille Nacht! Heilige Nacht!« der Christmettenbesucher verhallt, empfängt sie an der Klosterpforte eine Trachtenkapelle, die bei leise fallenden Schneeflocken romantische Weihnachtslieder spielt. Danach steigen alle feierlich erfüllt den Hügel hinab und tragen ihre Bilder nach Hause. Gefühlsseliger kann Weihnachten kaum sein.

In einer der Nächte an genau diesem Weihnachtsfest träumte ich einen Traum. Nur selten erinnerte ich mich zu dieser Zeit an meine Träume, was ich bei manch einem Traum wirklich bedauert habe, nämlich genau dann, wenn ich morgens wach wurde mit einem zurückbleibenden innigen Gefühl, das ein jeder aus gelegentlichen Traumreisen kennt und das einen den Tag über daran erinnert, dass diese Traumreise ein ausnehmend schönes Erlebnis mit sich geführt hat. Aber da sind auch einige, wenige Träume, die so eindrucksvoll in Erinnerung bleiben und dadurch so präsent sind, dass sie uns unvergesslich ein Leben lang begleiten und wir uns abrufbar oder völlig unvermittelt daran erinnern. Einen solch bezaubernden und unvergesslichen Traum träumte ich in dieser Weihnachtsnacht.

In meinem Traum übernahm ich die Perspektive eines fernab stehenden Betrachters. Von meiner verweilenden Position aus blickte ich auf ein idyllisches Bildnis. Im oberen Teil der Szene, die sich mir darstellte, sah ich die Südseite von einem hübschen weißen Haus. Keine prunkvolle Villa, sondern vielmehr im schlichten ländlichen Stil erbaut und eben in dieser Schlichtheit bestechend schön. Noch heute sehe ich vor meinem inneren Auge die breite Fassade mit den hellen Fenstersprossen, die ausladende Flügeltür und das dunkelgrau gedeckte Dach, das sich beschützend über das Haus legt. Unterhalb des stillen Anwesens befand sich eine behutsam abfallende Aue, auf der bunte Wiesenblumen ihre Köpfe windverspielt in die Höhe reckten. Und in diese malerische Idylle, hinein in dieses friedliche Bild, lief nun hüpfend ein fröhliches kleines, blond gelocktes Mädchen in einem leichten Kleidchen durch das hohe, satte Gras – geradewegs vom oberen Teil des Bildes in meine Betrachterrichtung am unteren Teil, und die Grashalme wichen seinem fröhlichen, wiegenden Schritt.

So unvermittelt, wie der Traum mit dieser Szene begann, so endete er auch mit dieser einzigen Szene. Als ich erwachte, blieben das anmutige Bild und das einnehmende Gefühl erhalten. Natürlich stellte sich mir die Frage, welche Bedeutung diese Traumreise für mich haben könnte.» War es ein Wunschtraum, oder beginne ich mit diesem Traum leise meinen unerfüllten Kinderwunsch zu verarbeiten? Ein träumender Blick in die Zukunft?« *Wie sollte ich das Geheimnis eines Traums ergründen?* Ich schob die fragenden Gedanken zur Seite und schenkte ihnen keine weitere Beachtung, ließ das Bild in mir wirken, so wie es sich mir gezeigt hatte, in einer einzigen Szene, liebreizend und schön.

Das Traumbild fest in mir verschlossen, ließen wir das alte Jahr ausklingen. Gut verpackt in unsere wärmenden Mäntel hielten wir uns in den Armen und genossen das prächtige Raketen- und Farbenspiel, das sich uns bei klarem Sternenhimmel bot. Die Städte rund um den Tegernsee setzten sich in stimmungsvolle Begrüßungskonkurrenz des neuen Jahres. Wir nahmen Abschied von den Anstrengungen der vergangenen Monate und wünschten uns ein gesegnetes neues Jahr, einen guten Stern an unserer Seite, damit sich unser größter Wunsch vielleicht erfüllen möge.

Und wieder zogen Tage, Monate ins Land. Wie üblich war Thomas viel unterwegs. Wenn er zu Hause war, komponierte oder arrangierte er, was ich sehr liebe, und darüber hinaus genossen wir ganz einfach unsere wenige gemeinsame Zeit. Anfang März begleitete ich ihn zu einem Arbeitstreffen mit seinem Verlag. Dort würde in der Freilichtkulisse des Bautzener Schlosses das Musical *Quasimodo – Der Glöckner von Notre Dame* nach dem gleichnamigen Roman von Victor Hugo zur Aufführung kommen, für das Thomas zusammen mit Charles Kalman und Siegfried Türpe die Musik geschrieben hat; das Libretto und die Lyriks entstammen der poetischen Feder von Maria Caleita. Ganz besonders bewegt mich immer wieder Marias Lyrik vom *Mondlied*, das mich einmal traurig, aber dann auch wieder zuversichtlich stimmt – und heute eine tiefe Wahrheit für mich birgt.

>*»Manchmal hat der Mond zwei Gesichter,*
>*Eines sieht man gut, weil es lacht …*
>*Das andere ist traurig, das verdeckt er,*
>*Drum regnet's manchmal Tränen in der Nacht.*
>*Aber weißt du,*
>*Die Schatten der Nacht weichen der Sonne,*
>*Dich streicheln ihre Strahlen.*
>*Vergessen sind die Qualen,*
>*Vergessen sind die Tränen in der Nacht.*

>*Schau, heut scheint der Mond gar nicht gerne.*
>*Wolken ziehen über seine Stirn.*
>*Die namenlosen fernen Sterne*
>*Sind blass und sehen aus, als ob sie friern …*
>*Aber weißt du,*
>*Die Schatten der Nacht weichen der Sonne,*
>*Sie schickt dir ihre Strahlen.*

Erlöst dich von den Qualen,
Von allem, was den Tag so mühsam macht ...
Vergessen sind die Tränen in der Nacht.

Spürst du manchmal auch, dass fremde Mauern
Dich umschließen, bis du nichts mehr spürst ...?
Es kann viele Ewigkeiten dauern,
Bis du endlich sein darfst, wie du willst.
Die Schatten der Nacht weichen der Sonne,
Dich streicheln ihre Strahlen.
Vergessen sind die Qualen,
Vergessen sind die Tränen in der Nacht.«

(»Mondlied« aus: Quasimodo – Der Glöckner von Notre Dame)

In einem berührenden Brief erzählte uns Maria, wie sich ihr einst für den Bruchteil einer Sekunde der Vorhang auftat, hinter dem sich die Antworten auf alle unsere Fragen verbergen. Maria starb im Frühjahr 2002 ganz unverhofft und doch vorbereitet, weshalb ich gerne ihre Gewissheit, die Antwort, die sie für den Bruchteil einer Sekunde empfinden durfte, wiedergeben möchte.

»... Vor vielen Jahren einmal saß ich irgendwo vor einem Kaminfeuer, spät in der Nacht, alle im Haus schliefen schon. Und es geschah – unglaublich und unvergessen bis heute –, dass für den tausendsten Teil einer Sekunde der Vorhang aufwehte, hinter dem sich die Antworten auf alle unsere Fragen verbergen ... Aber das Bewusstsein war zu langsam, um speichern zu können, was sich mir offenbarte, der Vorhang längst wieder geschlossen, verschwunden, keine Chance, die Erinnerung zurechtzurücken, das Empfinden einzuordnen. Nur etwas blieb ganz deutlich zurück: Die Gewissheit, ALLES IST EINES – nicht mehr und nicht weniger. Und alles und jedes ist ein Teil dieses Einen, nicht wegzudenken, und für immer.«

Die Zeilen von Maria haben meinen Blick verändert. Wann immer ich in den Himmel schaue, bin ich getröstet: *Meine Sternenkinder, ihr seid da oben, irgendwo. Aber auch ihr seid Teil dieses Einen – nicht wegzudenken – und für immer ...*

Um Thomas begleiten zu können, nahm ich gerne einige Tage frei. Nach einem schönen Abendessen waren wir noch immer nicht müde. Somit gingen wir kurz entschlossen ins Kino und sahen uns die Neuverfilmung *Titanic* an. Thomas und Helga waren beeindruckt von den unglaublichen Trickaufnahmen, und ich verbrauchte unzählige Taschentücher wegen der unendlich traurigen Geschichte. Und Thomas tröstete mich.

Bereits Ende März bemerkte ich die vertrauten Symptome. Einmal mehr holte ich meinen Kalender hervor. Und wieder folgte mein persönliches Aktionsrezept, um den Kopf von den ständig kreisenden Gedanken zu befreien – Hausputz bei laut schallender Musik, und wie immer hatte die Bügelwäsche das Nachsehen. Ungeduld zählt sicherlich zu den typisch weiblichen »Tugenden«, und ich muss gestehen, dass diese Tugend auch mich das eine oder andere Mal überkommt, auch an diesem Tag. Ich wollte eine Antwort auf meine brennende Frage, nicht nächste oder übernächste Woche, sondern unverzüglich, jetzt und sofort. Das Testfeld färbte sich babyrosa und hatte ein leuchtendes Positiv-Zeichen! Ja, »... die Schatten der Nacht weichen der Sonne, dich streicheln ihre Strahlen. Vergessen sind die Qualen, vergessen sind die Tränen in der Nacht ...« Mein wunderschönes surreales Bild *Mutter mit Kind*, sollte es sich nun erfüllen?

Thomas war überglücklich. Und ich begab mich in die Obhut eines befreundeten Arztes. Eckhard wurde mein Anker. Ich fühlte mich von der ersten Sekunde an nicht nur medizinisch gut versorgt, ich fühlte mich aufgehoben. Denn immer wieder sah ich das Damoklesschwert unheilvoll über uns schweben, sah das Schwert an dem einen Pferdehaar hängen und war ängstlich erfüllt, es könne sich lösen und herabfallen, um unser Glück zu durchtrennen. Die Zeit wurde zum Folterknecht des Herzens. Aber selbst noch so viele Ängste können die Hoffnung nicht zerstören. Und ich spürte, dass diese Schwangerschaft anders war. Es war, als kommuniziere die kleine Seele mit mir: *Mami, folge deinem Stern entgegen allem, was dich halten will* ...

Und dann hatten wir es tatsächlich geschafft, die ersten kritischen Monate erfolgreich überwunden. Es folgten vier ängstliche Tage des Wartens auf das Untersuchungsergebnis der Amniozentese, um eine Fehl- oder Missbildung unseres Kindes hoffentlich ausschließen zu können oder schlechtestenfalls darauf vorbereitet zu sein. Eine nervliche Zerreißprobe, und gerade für mich wieder einmal eine harte Schulung zum Thema Geduld. Dann, endlich, es war der letzte Freitag im Juni, der Anruf von Thomas, der das ersehnte Gutachten in den Händen hielt. Und die erlösende Botschaft: *»Der Befund für die untersuchten Chromosomen ist unauffällig. Wir fanden die normale Anzahl der Geschlechtschromosomen. Das Geschlecht des Kindes ist weiblich(!) [...].«* Ich war fassungslos vor Glück, ich war überglücklich! Nein, ich war so erleichtert und so unbeschreiblich glücklich, dass ich es mit Worten gar nicht beschreiben kann. »Wir bekommen ein gesundes Mädchen!« Ich hörte förmlich den zentnerschweren Sack, wie er von meinen Schultern zu Boden fiel, dort zerbarst und sich meine gefangenen Ängste in alle Richtungen zerstäubten. Und wieder streichelte ich zärtlich die Rundungen, voller Dankbarkeit und in dem Wissen, dass in dieser kleinen Kugel unser Kind schlummert, das beständig wächst und sich auf das Leben draußen, in der Welt vorbereitet, unser kleines Mädchen, das ich in wenigen Monaten in meinen Armen halten darf – *»Mutter mit Kind!«*

DIE SCHWANGERSCHAFT verlief wie in einem Leitfaden für werdende Mütter. Es war eine Bilderbuchschwangerschaft, und ich aß Schokolade. Thomas hatte mir vor langer Zeit einen Kosenamen gegeben und nannte mich zärtlich »Frau Süßmaus«, weil ich gerne Süßes aß, wenn ich nachts wach wurde. Weil sich dieses typische Verlangen auch in der Schwangerschaft nicht veränderte, sondern zunahm, erhielt unser kleines Mädchen recht bald den Kosenamen »Fräulein Süßmaus«, in der Kurzform »Mäuslein«. Zwischen seinen Terminen schrieb Thomas kleine Mitteilungen, die ich beim Heimkehren abends auf dem Küchentresen fand.

Meine liebe Frau Süßmaus,

ihr (!) dürft von meinem Käse essen, von meiner Schokolade knabbern, mit meiner Decke euch decken, kurz alles ist euch, was mein, also auch mein Herz. Ich liebe dich und unser Baby.

Dein Thomas

(AUS: GESAMMELTE »THOMAS-BRIEFE«)

Welche geradezu beflügelnden Kräfte wurden nun für Beruf, Studium, Praktikum – und das Wichtigste, unser Baby – freigesetzt. Das Glück in den Augen von Thomas und das Licht, das unser ungeborenes Kind schon jetzt ausstrahlte, gaben mir eine tiefe innere Ruhe und Zufriedenheit. Über allem lag ein ungeahnter Zauber.

Und meine Schwester Barbara erwartete ihr zweites Kind. Das war natürlich immer wieder Anlass für einen intensiven

Gedankenaustausch zwischen uns beiden. Unsere Mutter freute sich mit uns. Und wie liebe Mütter dann eben sind, nehmen sie sich selbst zurück und sprechen nicht über ihre Sorgen oder Nöte. Aber dann, an einem späten Abend im August, erhielt ich einen Anruf von Barbara. Sie hörte sich bedrückt an, und es dauerte lange, bis sie endlich mit der traurigen Nachricht herausrückte. »Mutti hat Krebs!«, sagte sie und weinte. »Schon morgen wird sie operiert!« Das war ein schwerer Schlag. Noch am nächsten Tag fuhren wir in das Krankenhaus meiner Geburtsstadt. Da war der Wunsch, bei meiner Mutter zu sein, sie in die Arme zu nehmen, mit ihr zu sprechen, sie zu trösten, noch bevor die bei einem solch großen Eingriff verabreichten Beruhigungsmittel ihre lähmende Wirkung zeigten. Die Wucht, mit der mich die Nachricht traf, wirkte noch gewaltiger, als wir spätabends am Krankenbett standen. Wie klein, zart und zerbrechlich erschien uns meine Mutter in diesem Augenblick. Nur ein klein wenig konnten wir sie trösten, ihr Mut zusprechen.

Die Operation verlief komplikationslos, und bereits am nächsten Tag durften wir sie besuchen, mit der Stationsärztin ein aufrichtiges Gespräch führen und begriffen nun das gesamte Ausmaß des Operationsbefundes, der keinen Anlass zur Freude oder zum erleichterten Aufatmen gab. Jetzt musste unsere Mutter kämpfen. Wir waren sicher, sie wird kämpfen, wie ein jeder in unserer Familie um die Dinge kämpft, die ihm im Leben wichtig erscheinen. Nur ist dieser Kampf ein Überlebenskampf, ein Ringen mit dem Leben oder dem Tod, bei hoch dosierter Chemotherapie und mit allen Konsequenzen, die sich aus den konservativen Therapieverfahren ergeben. Entschlossen nahm unsere Mutter den Kampf auf, Schritt für Schritt ging sie tapfer den mühseligen Weg, an dessen Gabelung ein erfolgreicher Therapieverlauf beginnen soll. Meine Geschwister und ich hatten einen Grund mehr, sehr stolz auf unsere Mutter zu sein. Ihre Kampfansage ist uns Vorbild und gab mir das sichere Gefühl: »Ja, sie kann es schaffen, und sie wird es schaffen!« Wie sollte ich ahnen, dass diese Gedanken einmal zu meinem persönlichen Leitmotiv werden: »Ja, wir können und werden es schaffen!«

Tage und Wochen verstrichen. Im Oktober richteten wir das Kinderzimmer her. Die Familienwiege wurde aufpoliert und bekam einen neuen Betthimmel aus weißem Batist, und sonnengelbe Vorhänge verbreiteten eine behagliche Atmosphäre. Ein hübsches Zimmer, und ich durfte endlich die ersten Babysachen einräumen. Langsam wurde ich runder, und Thomas behauptete, er habe nun »eine große, mächtige Frau!«. Ende Oktober war ich noch in ein Symposium eingebunden, und dann endeten das Praktikum und auch meine Beschäftigung. Das feierte ich in der Weise, dass ich unserem Kind und mir bereits am späten Nachmittag ein warmes Bad gönnte. Ich sprach mit unserem Baby, das permanent einen Schluckauf hatte, und bedankte mich für all die Anstrengungen, die es mitgemacht hatte. Die ersten Schneeflocken tanzten am Badezimmerfenster entlang, und ich fühlte mich rundum wohlig. Froh gestimmt sah ich den letzten Wochen bis zur Geburt entgegen. Dabei las ich nochmals einen der Briefe von Thomas, denn wie bei jeder Tournee schrieb er täglich. Die gesammelten Briefe sind Ausdruck seiner Gefühle, Sehnsüchte und seiner Träume, die Angst und Hoffnung nicht auslassen. Und heute spiegeln sie mir sein leises Erahnen ...

Mein Liebling,

eine Tasse Kaffee und einen kleinen Fisch, Wegzehrung. Gerade be-
wege ich mich einmal mehr immer weiter weg von zu Hause und
doch, die letzte Nacht habe ich zum ersten Mal von unserem Mäd-
chen geträumt, natürlich nicht in deinem Bauch, sondern so richtig
in dieser Welt. Schade nur, dass es gleich dramatisch wurde, weil sie
weinte. Die Wiege war heruntergebrochen, aber sie hat sich nicht
wehgetan. An den Rest kann ich mich nicht mehr erinnern, aber ich
fand es toll und aufregend, dass ich von ihr geträumt habe. Was
nimmt unser Kind doch schon für einen Stellenwert in unserem Le-
ben ein! Es vergehen wirklich nur wenige Momente, in denen ich
nicht an sie denke, über dich nachdenkend und dann innerlich lä-
chelnd liebend verweile, in deinem Gesicht und der Vorstellung, ein
kleines Mädchen hält deine Hand. [...] Jetzt fahre ich weiter, mit
dir an meiner Seite. Ich liebe dich.

Dein Thomas

(Aus: Gesammelte »Thomas-Briefe«)

Der Geburtstermin wurde für Anfang Dezember berechnet,
aber unser Kind ließ sich Zeit. Der Winter war in diesem Jahr
sehr früh in Oberbayern eingezogen und hatte bereits seine
dicke weiße Schneedecke über alles gelegt. Abgesehen davon,
dass ich jeden Tag, und an manchen Tagen mehrmals, den
Schnee rund ums Haus räumen musste, fühlte ich mich wie in
Winterwonderland, ganz besonders wenn abends die Lichter-
kette an meiner kleinen geretteten Tanne leuchtete, die mittlerweile über zwei Meter gewachsen war und deren Äste sich
durch die schwere Last des Schnees ehrfurchtsvoll neigten.

Eckhard schlug vor, die Geburt unseres Kindes am 12. Dezember einzuleiten, was aus zwei Gründen großartig erschien: erstens hatte Thomas ab diesem Tag zwei spielfreie Tage, und zweitens ist es mein Geburtstag. In der Nacht vor dem geplanten Geburtstermin setzte sich Thomas unmittelbar nach der Vorstellung ins Auto, und ich schob beflügelt den Neuschnee. Was sollte jetzt noch passieren? Gegen vier Uhr in der Frühe traf Thomas zu Hause ein. Und nach drei Stunden Schlaf fuhren wir in aufgeregter Vorfreude in die Klinik.

Die Verwandlung

ENDLICH! Heute wird unser kleines Mädchen das Licht der Welt erblicken, auf das es sich neun Monate vorbereitet hat. Aber es scheint noch keine Lust zu haben, den schützenden Mutterleib gegen die rasende Welt einzutauschen, und lässt sich Zeit, viel Zeit. Und ich steige auf Empfehlung der Hebamme die Krankenhaustreppen, all die Stufen hinauf und hinunter, immer und immer wieder. Zwischen diesen stumpfsinnigen Aktivitäten werde ich an den Wehenschreiber angeschlossen. Aber weder die Tabletten noch das Treppensteigen zeigen Wirkung. So schnell die Wehen kommen, sind sie auch wieder verschwunden. Und weiter steige ich Stufe um Stufe, während sich unser Kind seine Zeit nimmt. Wegen der verabreichten Medikation muss ich die Nacht in der Klinik verbringen, was wirklich zu dumm ist, denn ich fühle mich gut und bin so zuversichtlich. Wir schleichen uns aus dem Krankenhaus, um an meinem Geburtstag zumindest fein essen zu gehen.

Die gleichen Prozeduren wie tags zuvor folgen auch am nächsten Tag: Tabletten, hier und da etwas Tee, Treppensteigen, Wehenschreiber. Ich bin beunruhigt. »Will unser Baby nun doch nicht in diese Welt kommen?!« Jetzt bin ich zu erschöpft, um die Klinik heimlich zu verlassen. In der Nacht setzen wieder Wehen ein, lassen mich nicht schlafen. Ich habe keine Lust mehr auf das negative Ergebnis des Wehenschreibers. Unruhig wie eine Wölfin laufe ich streunend die Klinikflure entlang und zurück in mein Zimmer, schlafe erschöpft ein wenig ein, bis mich starke Schmerzen erneut wecken. *Folge deinem Stern entgegen allem, was dich halten will* ... Angst überkommt mich. Sollte in den letzten Stunden doch noch irgendetwas Unvorhergesehenes geschehen?! Hatte nicht Thomas von unserem Töchterchen geträumt und davon, dass die Wiege heruntergebrochen ist? Aber es hatte sich nicht wehgetan ...

Ich denke nicht darüber nach, dass er sich an den Rest des Traumes nicht mehr erinnern konnte, ich bin müde.

Schließlich werde ich in den frühen Morgenstunden in den Kreißsaal gebeten. Irgendwie geht man davon aus, dass die Geburt in nächster Zeit erfolgen muss. Thomas ist an meiner Seite und beobachtet den Monitor. Plötzlich murmelt er: »Da stimmt etwas nicht! Die Herztöne nehmen ab!« Er ruft nach der Hebamme. Und dann geht alles sehr schnell. Eckhard ist eingetroffen. Gott sei Dank, denn große Angst steigt in mir auf und erfasst meinen ganzen Körper. »Die Wiege ... Die Wiege darf nicht zusammenbrechen!«, schreit es in mir. Rasch wird ein geburteinleitendes Mittel gespritzt und ein weiteres Präparat, das den Kreislauf unseres Kindes stabilisieren soll. Vorsorglich werde ich für einen Kaiserschnitt vorbereitet, während die Hebamme mir noch schnell ein paar atemtechnische Tipps gibt und eine unglaubliche Zuversicht verströmt, dass alles gut ausgehen wird. Ich hinterfrage nichts, habe nur Angst um unser Kind. Und Thomas, der eigentlich den Kreißsaal verlassen wollte, bleibt bei mir, und das ist gut. Eckhard schiebt die Ärmel seines Kittels hoch, lächelt zuversichtlich, und dann geht es los. *Folge deinem Stern ...* Nach wenigen Minuten ist unser Kind da. Es geht so schnell, dass ich es selbst nicht fassen kann. Ich sehe, wie Eckhard in Sekundenschnelle dem Kinderarzt ein grünes Etwas übergibt. Wieder überkommt mich eine große Angst. Mein Herz klopft so laut, dass ich glaube, jeder im Raum hört das ängstliche Pulsieren in meinem Innern. Ich sehe den Kinderarzt auf mich zukommen und ich wage es nicht, in diesem Moment seinen Gesichtsausdruck zu werten.

Doch dann, ja dann legt er mir unser entzückendes kleines Mädchen, unsere kleine Freya, in die Arme. »Alles ist in Ordnung! Ihr Töchterchen ist gesund!« Bewegt und ungläubig staunend schaue ich auf unser Baby, zu Thomas und Eckhard. Zart ist unser Kind. Aber unser kleines Mädchen lebt und ist gesund! Und endlich, endlich heiße ich Freya willkommen in dieser Welt. Ganz vorsichtig, als wäre sie zerbrechlich wie Glas, halte ich sie in meinen Armen und kann mein Glück nicht fassen. Mein Herz hüpft so hoch, dass meine Augen überlaufen.

Dienstag, der 14. Dezember 1998, wird zum glücklichsten Tag in unserem Leben – welch eine Liebe, welch ein Licht, vollkommenes Glück. *Freya.* Viele Monate zuvor haben wir unserem kleinen Mädchen seinen Namen gegeben, der uns jetzt umso zutreffender erscheint. Freya, nach der alt-nordischen Göttin der Liebe und der Jugend, die ihren Wohnsitz im Himmel hatte. *Freya*, Schwester des Gottes Freyr, Gott des Lichtes. Nun sind wir eine wirkliche Familie: Mami, Papi und Freya. Das Bild von Picasso *The Acrobat Family*, mein wunderschönes surreales Bild *Mutter mit Kind*, es hat sich erfüllt und bestimmt von nun an unser Sein – ein Richtungswechsel, der unserem Leben einen Zauber ungeahnter Art verleiht.

3 Der Schmetterling

Schmetterlingslachen

DA UNSER MÄDCHEN so zart ist, wird es in ein Wärmebett gelegt. Und Thomas, der stolze und überglückliche Vater, muss nur fünfzehn Minuten später nach Stuttgart reisen. Welch ein perfektes Timing, welch ein Glück, dass er die Geburt seines Töchterchens miterleben durfte. Noch immer streichelt seine rechte Hand meine Wange, während die linke in der Hosentasche etwas zu suchen scheint – glanzvolle Ohrringe aus weißen Perlen und klaren Aquamarinen werden mich auf ewig an diese glücklichste aller Stunden erinnern. *Und selbst wenn ich die Weber in diesem Moment hätte sehen können, in all meiner Glückseligkeit, ich hätte ihnen keine Beachtung geschenkt. »... Dies Herz, eh' es zusammenbricht, trinkt noch Glut und schlürft noch Licht.«* (»IM ABENDROT«, SCHUBERT-LIED NACH DEM GEDICHT VON KARL LAPPE.) Wenig später trägt eine Kinderschwester Freya zu mir, damit sie an meiner Brust trinken, schlafen und träumen darf, während Thomas noch in derselben Nacht seine kleine Familie im Krankenhaus besucht, um am nächsten Morgen bereits früh wieder bei uns zu sein. Vorher legt er unserem Kind noch ein kleines weißes Lamm in sein Bettchen. Meine Aufgabe konzentriert sich nun darauf, schnellstmöglich unser zartes Mädchen aufzupäppeln, dafür zu sorgen, dass unser Kind an Gewicht zunimmt. Und meine ersten Eintragungen als stolze Mutter lauten: *»15. Dezember – Freya (1 Tag alt) trinkt 10 Gramm! Danach schläft sie selig ein!«*

Zu den ersten persönlichen Gratulanten zählt Freyas Großvater. Ich freue mich besonders, dass Opi Klaus extra aus Ungarn angereist ist, wo er trotz Ruhestand weiterhin beruflichen Verpflichtungen nachgeht, um seine kleine Enkelin zu begrüßen. Zwischen Freya und ihrem Großvater flocht sich ein besonderes Band, die Beziehung erhielt eine berührende, spirituelle Tiefe.

Als wir am vierten Adventsonntag die Klinik verlassen, hat Thomas die Tournee beendet und unser Kind an Gewicht zugenommen. Endlich geht es nach Hause, in das eigene Bettchen, in die Familienwiege, die so lange auf unser Töchterchen gewartet hat. Thomas hat den Empfang äußerst sorgfältig vorbereitet; das Kinderzimmer ist wohltemperiert, der Esstisch für ein spätes Frühstück liebevoll gedeckt, und Rosen runden das schöne Bild ab. Welch ein Glück habe ich mit meinem Mann! Nun können wir die letzten Tage dieses wundervollen Jahres gemeinsam ausklingen lassen. Eine Woche später ist bereits Heiligabend. Für uns ein ganz besonderes Weihnachtsfest. Unser schönstes Geschenk liegt in seiner Wiege und schläft, während das Leben um sie herum geschäftig pulsiert, das erste Mal der traditionelle Christbaum von Thomas geschmückt wird und ich das Weihnachtsessen vorbereite. Draußen ist es noch immer Winterwonderland. Wir sind umgeben von dicken Schneemassen. Strahlender Sonnenschein durchflutet unser Haus, in dem der Kachelofen seine wohlige Wärme ausstrahlt, während sinnliche Weihnachtslieder von Placido Domingo, Sissel Kyrkjebo, Charles Aznavour und den Wiener Symphonikern das Haus mit lieblichen Klängen erfüllen.

Liebliche Klänge, in die sich ein lautstarker, entsetzter Aufschrei von Thomas mischt. Beim Schmücken des Christbaums mit Weihnachtsglocken und Weihnachtskugeln aus Porzellan, die ich seit zwanzig Jahren sammle, fällt ihm eine Glocke aus der Hand und zerbricht auf dem Fußboden. Er ist darüber sehr, sehr traurig, zumal es sich um eine der ältesten Weihnachtsglocken handelt. Ich dagegen, die ich doch eigentlich jede einzelne Glocke wegen der reizenden Motivmalereien liebe, empfinde den Verlust als überhaupt nicht schlimm. Ich bin so sicher, dass diese Scherben uns *Glück* bringen. Ich tröste Thomas, der übrigens nur wenige Monate später wie durch einen wundersamen Zufall von einer freundlichen Dame, die nur wenige Weihnachtsglocken gesammelt hat, genau diese zerbrochene Jahresglocke geschenkt bekommt. Na bitte sehr! Wie gerne erinnere ich mich an dieses Weihnachtsfest, unser erstes Weihnachten mit Freya. Natürlich können wir nicht die Christmette im kleinen Kloster Reutberg mit unserem Baby besuchen, aber ein Gebet und unser Dankeschön lassen wir nicht aus. »Danke für unser gesundes Töchterchen, danke für das Glück, das wir erfahren dürfen, Eltern zu sein ...«

Ein besonderes Jahr geht zu Ende. Wir haben Freunde eingeladen, um mit uns den Jahreswechsel zu feiern. Kurz vor Mitternacht hat Freya lautstark ihre Mahlzeit eingefordert. Nun wiege ich sie in meinen Armen und beobachte Thomas, der das neue Jahr mit einem Feuerwerk begrüßen möchte und im Garten bei den letzten Vorbereitungen ist. Ich schaue hinaus in den klaren Sternenhimmel und erinnere mich zurück an die letzte Silvesternacht am kalten Tegernsee. Vor genau einem Jahr hatten wir uns einen guten Stern gewünscht, damit sich unser größter Wunsch erfüllen möge. Ja, wir hatten ihn an unserer Seite, diesen Stern, der uns einen entzückenden Engel in die Wiege gelegt hat. Die Uhr schlägt zwölf und Thomas lässt es richtig krachen: »Happy New Year – ein glückliches neues Jahr!«

Freya ist erst sechs Wochen alt, hat bereits einen Großteil ihrer Haare verloren, als wir Ende Januar gemeinsam zur Universität Bielefeld reisen, damit ich meine mündliche Prüfung als

Gesundheitsplanerin ablegen kann. Einige Wochen zuvor hatte ich die Abschlussarbeit eingereicht, was aufgrund des veränderten Lebensrhythmus mit unserem Töchterchen tatsächlich schwieriger war, als ich optimistisch angenommen hatte. Eine große Erleichterung setzt ein. Jetzt können wir für zwei Tage meine Familie besuchen, die uns unglaublich herzlich empfängt. Und ich bin glücklich, als meine Mutter, die noch immer tapfer gegen den Krebs ankämpft, ihre kleine Enkelin endlich in die Arme schließen darf. Mit ihrem tiefen Blick schaut Freya forschend in die grüngrauen Augen ihrer Großmutter. Freyas ruhiger und doch auffordernder Blick, der nie ausweicht, der so vieles in sich birgt – auffallend und verwunderlich. Sooft wir mit unserem Töchterchen sprechen oder sie in unseren Armen wiegen – ihre Augen geben uns stets das Gefühl, dass sie alles versteht, wenngleich sie erst einige wenige Wochen alt ist.

Die durch Klaus in seinem Weihnachtsbrief manifestierten Gedanken, insbesondere seinen Wunsch »auf Gesundheit und eine normale Entwicklung seiner kleinen Enkelin«, scheint unser Kind einzulösen. Klaus dagegen ist sehr, sehr krank und sein Gesundheitszustand verschlechtert sich zusehends. Immer häufiger reist er nach Deutschland, um sich in ärztliche Behandlung zu begeben. Mit großer Sorge verfolgen wir den Krankheitsverlauf. Freya hingegen entwickelt sich zu unserer größten Freude mit riesigen Schritten zu einem äußerst aufgeweckten und überaus zärtlichen, liebevollen kleinen Wesen, dessen entzückendem Charme sich niemand entziehen kann. Beim Einschlafen kuschelt sie sich an Lämmchen oder Rudi Rudolph, das kleine Stoffrentier. Meine Hand ruht auf ihrer Wange, während ich das kleine Schlaflied singe, das wir schon in der Schwangerschaft für unser Töchterchen gesungen haben, unser Gute-Nacht-Lied und zärtliches Versprechen ...

»Freya, Freyalein schlafe,
die Englein spielen Harfe,
der Mond wünscht dir eine gute Nacht,
und Mami und Papi, die geben fein acht.
Schlafe, Freyalein schlafe.

Leise, Freyalein leise,
der Mond geht auf die Reise,
er wünscht dir jetzt eine gute Nacht,
und Mami und Papi, die geben fein acht.
Leise, Freyalein leise ...«

Freya ist immer gut gelaunt, selbst wenn eine Impfung oder Grippe sie quälen. Ob in ihrem Bettchen, im Laufstall oder Kinderwagen, unsere Tochter ist mit allen und allem fröhlich und verschenkt uneingeschränktes Vertrauen, ausgelassene Heiterkeit und bedingungslose Liebe, gleich ob Mensch, Tier, Kuscheltier oder Auto. Da ist eine besondere Lebensenergie, eine Glut, die von ihr ausstrahlt. Wir Eltern können unser Glück noch immer nicht fassen. Was nicht bedeuten soll, dass wir nicht die typisch harten, schlaflosen Nächte mit den sogenannten Drei-Monats-Koliken verbringen, sie tragen, schaukeln oder nachts auch schon einmal mit dem Auto entnervt durch Oberbayern fahren, um unser Kind in den nötigen Schlaf zu wiegen. Natürlich gibt es da auch die eine oder andere kleinere Sorge von Eltern eines wenige Monate alten Babys. Jedoch übertreibe ich nicht, und es soll auch nicht verwundern, dass wir so unendlich dankbar sind für unser strahlendes kleines Mädchen und für seine unbedingte Liebe, die es verströmt. Bis in alle Zeit bleiben wir erfüllt von diesem unermesslichen Glück, dem Zauber, dieser einen Liebe ...

Mit Freyas Geburt habe ich ein Buch angelegt, in dem wir berührende oder belustigende kleinere und größere Familienerlebnisse aufzeichnen. Der Einband des Buches ist nachtblau, wie das Ultramarin eines sommerlichen Abendhimmels. Eine der ersten Geschichten in unserem »kleinen blauen Buch« erzählt von dem ältesten unserer drei Patenkinder und seiner Schwester in den Faschingsferien.

Lisa (5) und Florian (7) besuchen ihre Cousine Freya auf ein verlängertes Schnee-Faschings-Wochenende. Bei ihrer Ankunft am späten Abend sind beide putzmunter und erzählen und erzählen ..., auch von Weihnachten und ihren Geschenken – und auch von dem, was sie nicht bekommen haben! Ich erkläre Flo, dass das Christkind darüber befindet, was die Kinder geschenkt bekommen. Florian überlegt einen kurzen Augenblick und sagt dann: »Weißt du, wir haben in der Schule lange darüber diskutiert ... Das Christkind ist tot!« Danach macht er eine kleine Pause, um uns dann wissen zu lassen: »Aber ich muss darüber noch einmal grübeln ...!« – Logisch! Sonst gibt es vielleicht zukünftig keine Weihnachtsgeschenke mehr ...?

(Aus: »Blaues Buch«)

An unserem zweiten Hochzeitstag wird unser Mädchen im Alter von sechs Monaten getauft. In der Taufvorbereitung erfahren wir, *dass sich dem Kind mit dem Sakrament der Taufe das Tor zum erlösten Leben öffnen soll, symbolhafter Beginn des Weges in die Vollendung, das ewige Leben.*

Über die Spendung der Taufe und deren bedeutungsvolle Inhalte haben Thomas und ich bis zu dem Taufgespräch nicht nachgedacht. Uns war es einfach wichtig, dass unser Kind noch als Baby getauft wird und dass wir ein hübsches Fest zu diesem

Anlass ausrichten werden. Heute ist es für mich tröstend zu wissen, dass wir auch durch das Sakrament der Taufe miteinander verbunden bleiben.

Die Tauffeierlichkeit ist lange vorbereitet, die Taufkerze ausgesucht und der silberne Taufbecher, mit dem bereits Thomas getauft wurde, auf Hochglanz poliert. Wir freuen uns sehr auf das bevorstehende Ereignis und das Beisammensein mit Freunden und Teilen unserer Großfamilien. Sorgfältig haben wir mit der Taufeinladung Paten ausgewählt, die sich nötigenfalls mit Liebe um unser Töchterchen kümmern, denn schließlich sind wir bereits etwas »betagte« Eltern. Ja, durch die Geburt unseres Kindes kommen wir nicht umhin, uns mit unserem endlichen Dasein in dieser Welt auseinanderzusetzen.

Meine Mutter nimmt am Morgen der Taufe letzte Handarbeiten an dem langen weißen Taufkleid vor. Sorgfältig heftet sie eine Schleife fest, auf die sie in ausgesuchtem Schriftzug »*Freya-Frances*« hat sticken lassen. Eine schöne Idee. Und ich lege unserer Tochter symbolisch meine zarte silberne Halskette um, die ich einst als kleines Mädchen von Tante Grete geschenkt bekommen habe. Einen Moment denke ich darüber nach, wie oft ich die Schutzkette als Kind auf dem Bauernhof verloren habe, aber jedes Mal haben wir sie an den unglaublichsten Stellen wieder gefunden. Von nun an sollen die Heilige Maria und das Englein, die mich als Kind beschützt haben, Schutzgefährten meiner Tochter sein.

Nachdem im Haus alles für den späteren Leib- und Seelenschmaus vorbereitet, der Esstisch mit Blumen und einem Taufbild geschmückt ist, fahren wir zur Kirche. Unser fabelhafter und »weltlicher« Pfarrer und Dekan übernimmt mit sonorer Stimme die feierliche Taufzeremonie. Fürbitten und Segnung unseres Kindes, Spende der Taufe, Salbung mit Chrisam, Entzündung der Taufkerze an der Osterkerze von Thomas höchstpersönlich und Übergabe der Taufkerze an die Paten, lautstar-

ker (Thomas!) und weniger kräftiger Gesang (ich!) der Tauf-
besucher – feierlich, sinnlich und schön. Nur unsere Tochter
beobachtet das Geschehen um sie herum mit großen Augen
und spürbarer Gelassenheit. Ihr Interesse gilt der Taufkerze
und dem Studieren der Gesichter aller, die sie in dieser Stunde
abwechselnd in den Armen halten, das gefällt ihr.

Aber warum erzähle ich das? Ich erzähle es, weil ich hier
eine Widmung wiedergeben möchte, die Thomas zur Taufe
geschrieben und vorgelesen hat und die ich als Erinnerung für
unser Kind aufbewahrt habe. Wenngleich ich mich doch an
alle Ereignisse und Geschehnisse sehr präsent zurückerinnere
– ich kann mich einfach nicht mehr entsinnen, wann er diese
Zeilen verfasst hat, weshalb mich seine Worte heute umso
mehr bewegen.

FREYA-FRANCES
von Mami und Papi zu deiner Taufe am 6.6.1999

Unser Gott, durch unser Kind sind wir im Glück.
Gibt es eine perfektere Art, dich zu sehen, zu erleben,
als in diesem kleinen Mädchen,
das schönste und bewegendste,
sie, die unser Glück besiegelt.

In dir soll Freya wachsen und leben,
gleichsam als Symbol für das,
was wir einander bedeuten.

Lass uns bei aller elterlichen Sorge niemals aufhören,
die Liebe und das Leben zu leben,
welches du uns lehrtest und wir in unserem Kind
sehen wollen.

Ein besseres Beispiel können wir unserem Kind
nicht geben,
in dir, mit uns, für sie. Amen.

Noch einmal werden wir angehalten, uns nicht nur mit dem Leben zu beschäftigen, denn wir erschrecken sehr, als wir Thomas' Vater zur Taufe wiedersehen. Sein Gesicht spiegelt die schmerzvollen Strapazen seiner Krankheit. Er versucht, sich nichts anmerken zu lassen, und ist rührend mit seiner kleinen Enkelin. Und das ist umso bemerkenswerter, da er mit Kleinkindern bis dahin nichts anzufangen wusste. Liebevoll beugt er sich nun zu ihr, und Freya ergreift mit beiden Händen den Zeigefinger ihres Großvaters, hält ihn und will nicht mehr von ihm lassen, als ahne sie, dass sie ihren Großvater nur noch zwei Mal sehen wird. *Oder war da noch ein anderes Erahnen?*

Wir verbringen einen wunderschönen Sommer, auch wenn Freya und ich viel allein sind. Aber wann immer Thomas es einrichten kann, eilt er nach Hause, wenn auch manchmal nur für wenige Stunden, was ihn sehr betrübt. Ich genieße die Zeit als Ehefrau und Mutter, freue mich daran, bei unserem Kind zu sein, atme jeden seiner Entwicklungsschritte in mich ein; sein erstes Brabbeln, die ersten Krabbelversuche, das Aufrechtsitzen, den Vierfüßlerstand, in die Händchen klatschen, die freudige Begrüßung eines anfliegenden Vogels auf Futtersuche im Garten, zunehmender Badespaß in der Wanne, der erste gemeinsame Flug zu den Großeltern, das gemeinsame Erlebnis einer Sonnenfinsternis und das Flirten mit Stubenfliegen. Eilig hole ich das Telefon, damit unser Kind seinem Vater das erste Mal die Worte »*Mamamam*« und »*Papa*« sagen kann, indem ich den Hörer ganz nah an seine säuselnden Lippen halte. Und Freya lacht und schüttelt sich vor Vergnügen, während ich am frühen Abend unsere duftenden Rosen im

Garten gieße. »Was, bitte sehr, ist an deiner alten Mami so komisch, Mäuslein?!« Wie gerne erinnere ich mich an diese Zeit. Und wie wundervoll ist es, wenn auch Thomas zu Hause sein darf und seine kleinen Familienerlebnisse in unser *Blaues Buch* eintragen kann.

8. August 1999 (Sonntag)

[...] Seit Tagen schon zwinkert Fräulein Süßmaus grinsend mit beiden Augen. Ich dachte erst, das müsse psychosomatisch sein. Petra aber meinte nur: »Ach was! Freya macht das Lachen von Mami nach, die schließt nämlich die Augen beim Lachen.« Jedenfalls ist Petra beim Fläschchengeben so müde, dass ihr die Augen zufallen. Das gefällt Freya nicht, wenn sie nicht die ungeteilte Aufmerksamkeit bekommt. Sie hört auf zu trinken, und Petra merkt natürlich, dass Freya nicht weitertrinkt. Kaum hat Petra die Augen aufgemacht, grinst Freya und drückt beide Augen kräftig zu. Petra meint nur: »Ja, du hast ja ganz recht!«, worauf Freya wieder grinst und beide Augen bejahend zukneift. Dann trinkt sie beruhigt weiter.

(Aus: »Blaues Buch«, Eintragung Papi)

An einem der folgenden Spätsommerabende sitze ich im Wohnzimmer und gestalte ein neues Fotoalbum. Das sanfte Licht der Abendsonne schmeichelt dem Inneren des Hauses, und überhaupt hat das Haus einen so besonderen Zauber in dieser Stille und dem Wissen, dass unser Töchterchen selig in seinem Bettchen schläft. Es ist bereits das zweite Album, das ich seit Freyas Geburt anlege. Jedes Erlebnis, jedes Lachen, jeder rührende Moment wird festgehalten und soll seinen Platz in unseren Familienalben finden. Ich ärgere mich ein wenig über den Klebstoff, der nicht so richtig kleben will, habe aber einen riesigen Spaß an den gelungenen Bildern. Lächelnd betrachte ich ein Foto, das Thomas von Freya und mir vor meinen Rosen aufgenommen hat. Freya lacht, ich lache, und irgendwie scheinen selbst die Rosen zu lachen. Dieses Bild zählt zu meinen Lieblingsaufnahmen.

Während ich das Foto betrachte, schweifen meine Gedanken, einfach so, in die Ferne. Ich denke einen Augenblick darüber nach, welch wundervolle Erinnerungen all diese Momentaufnahmen in vielen Jahren für uns sein werden. Und plötzlich, vollkommen unerwartet, schießt mir ein scheußlicher Gedanke durch den Kopf, der mich tief erschreckt. »Ja«, denke ich, »es gibt außerdem einen weiteren Grund, alle kleinen und großen kostbaren Augenblicke in Bildern festzuhalten ... Vielleicht ist es einmal sehr wichtig, all die Aufnahmen zu haben ... ja, wenn nun einer von uns sterben sollte, so bleibt den Zurückbleibenden doch eine zauberhafte Dokumentation unserer gemeinsamen Zeit ...« Im gleichen Moment steigt schieres Entsetzen in mir hoch. Ein furchtbarer Gedanke, so furchtbar, dass ich ihn schnell wegschiebe, ja ich schleudere ihn förmlich beiseite. »Nichts darf unser Familienglück je trüben. Wir sind doch so dankbar für alles, und ganz besonders für unser so entzückendes Kind!«

Auf das Leben sind wir vorbereitet – und auf den Tod? Thomas' Vater reist im Oktober ein letztes Mal nach Deutschland. Sein Gesundheitszustand hat sich dermaßen verschlechtert, dass er sich direkt ins Krankenhaus begeben muss. Gemeinsam mit unserer Tochter dürfen wir ihn besuchen. Wie zärtlich ist Freya mit ihrem Opi, welch ein Gespür entwickelt das erst zehn Monate alte Mädchen für den sterbenskranken Großvater – und schafft es mit ihrem koketten Charme auch noch, ihn zum Lachen zu bringen. Nur wenige Tage später entscheidet sich Klaus für eine Lebertransplantation. Die Krankheit ist so weit fortgeschritten, dass ihm eine Transplantation, trotz seines Alters, als einziger Ausweg erscheint. Wir ahnen, dass der Eingriff einem Todesurteil gleichkommt, aber Klaus hält, trotz aller Risiken, an seiner Entscheidung fest.

Noch einmal besucht Thomas seinen Vater vor dem riskanten Eingriff allein. Ein Besuch, bei dem sich Vater und Sohn in diesem Leben voneinander verabschieden. Thomas hat sich vorgenommen, seinem Vater die Angst vor dem Übergang zu nehmen, über den Tod und das Danach zu sprechen. Und nun ist er sich nicht sicher, ob Klaus ihn wirklich verstanden hat. Doch als er das Krankenzimmer schweren Herzens verlassen muss, ruft Klaus seinem Sohn nach: »*Thömmchen?! ... ich habe keine Angst!*« Und Thomas dreht sich ein letztes Mal um und lächelt seinem Vater dankbar und ermutigend zu: »*Ja, Papi!*« Die Transplantation wird durchgeführt. Ein allerletztes Mal besuchen wir Klaus – auf der Hochintensivstation der Universitätsklinik, wo er in ein künstliches Koma versetzt wird. Er beginnt seinen langen Todeskampf, und wir halten seine bleiche Hand, streicheln seine eingefallenen Wangen und sein schneeweißes Haar, flüstern ihm liebe Worte zu oder schweigen – und fahren traurig zurück nach Hause.

Auch für Freya und mich steht eine einschneidende Veränderung an. Während einer Tournee im Frühjahr des Jahres entwickelte sich zwischen der Schauspielerin Liane H. und Thomas eine gute Freundschaft. Liane litt seit Jahren an einer Krebserkrankung. In einer Privatklinik wurde sie in vielfachen Therapiezyklen behandelt und ihr Gesundheitszustand immer wieder stabilisiert. Durch diese Minderung ihres Leidensweges fasste sie ein großes Vertrauen in die Krebsklinik und setzte sich darüber hinaus in vielfältiger Weise für die Belange der Klinik ein, die, wie viele Krankenhäuser, im Zuge von restriktiven Reformen einen gesundheitspolitischen Kampf zu meistern hatte. Liane bat mich bereits im Frühsommer, mich in der Klinik zu engagieren. Ich lehnte jedoch ab, denn ich hatte keine Lust, so schnell wieder zu arbeiten, wollte bei unserem Töchterchen bleiben und ihm meine ungeteilte Aufmerksamkeit schenken. Ende August komme ich ihrer wiederholten Bitte nach und lerne die Klinikbetreiber, das medizinische Konzept und die Problemstellungen ihrer Einrichtung kennen.

Ja, meine Erfahrungen könnten helfen, und doch ist da dieses Gefühl, diese innere Stimme ... Und Thomas ist ab Herbst wieder auf Tournee, schlussendlich habe ich also einen Grund mehr, weiterhin bei unserem Kind zu bleiben, dessen erstes Zähnchen wir an diesem warmen Spätsommertag entdecken. Ende September folgt jedoch ein wirklicher Hilferuf. Es gilt, eine sofortige Nachbesetzung der Verwaltungsdirektion sicherzustellen und die zunehmenden Probleme der Klinik zu lösen. Es folgen unendliche Diskussionen mit Thomas. Mein Gefühl rät mir, dass ich den externen Bitten nicht nachgeben soll, selten habe ich mich so sehr gegen irgendetwas gesträubt. Liane führt mir jedoch ein fatales Bild vor Augen, das in der Konsequenz das Aus für viele Krebspatienten bedeuten würde. Ab November bin ich schweren Herzens eine berufstätige Mutter.

Die ersten Wochen weine ich jeden Morgen, wenn unser Töchterchen von der Tagesmutter abgeholt wird, die sich sehr liebevoll kümmert und selbst ein kleines Mädchen in Freyas Alter hat. Ich rede mir den Gedanken schön, dass unser Kind nun eine gleichaltrige Spielgefährtin bekommt und auch meine Mutter gearbeitet hat, als ich ein kleines Mädchen war. Wenngleich mir wirklich günstige Arbeitsbedingungen zugestanden werden, um dennoch Zeit für unsere Tochter zu haben, bin ich im Grunde meines Herzens tiefunglücklich über diese Situation. Pünktlich fliege ich spätnachmittags über die

Autobahn, um Freya bei der Tagesmutter abzuholen und dann den Rest des Tages mit unserem Kind zu verbringen. Und unser unproblematisches, fröhliches kleines Mädchen entwickelt sich weiterhin prächtig.

Wir zelebrieren unsere gemeinsame Zeit mit Abendbrei bei Kerzenschein, schauen uns ausgiebig die Lieblingsbilderbücher und unsere Familienalben an, damit Freya ihren Papi nicht vergisst, schmusen ausgelassen in unserem Kuschelsessel oder spielen mit Bausteinen. Und jeden Abend hilft Freya, meinen Kaffee für den nächsten Morgen vorzubereiten. Dabei sitzt sie auf der Küchenzeile neben der Kaffeemaschine, trägt lachend eine Filtertüte auf ihrem Köpfchen, riecht an der duftenden Kaffeedose: *»Hmmh, Mami! Riecht gut!«*, und drückt gemeinsam mit mir den Programmierungsknopf. Außerdem liebe ich es, auch zum Ausklang des Tages einen Milchkaffee zu trinken, und Freya schaut interessiert bei der Zubereitung zu. Eifrig spricht sie nach: *»Cappuccino per la mamma!«* Im Laufe der Zeit besteht Freya darauf, dass neben ihrer Gute-Nacht-Milch auch mein »Gute-Nacht-Cappuccino« getrunken wird. Der »Cappuccino per la mamma« ist für unsere Tochter zu einem Inbegriff allabendlicher Gemütlichkeit geworden, den ich nicht auslassen darf, so wie die Gepflogenheit, leise zu erzählen, wer alles sie lieb hat, während sie mit geschlossenen Augen in meinen Armen ihre Milch trinkt und dabei zärtlich jeden einzelnen Finger meiner Hand tastet und streichelt. Vor dem Schlafengehen betrachten wir die Sterne, suchen den Mond, und es folgen unsere kleinen Zubettgeh-Rituale. Dann schläft unser Töchterchen zufrieden ein.

Nun beginnt mein Tagesendspurt. Nach den üblichen Arbeiten falle ich in mein Bett, um früh am Morgen aufzustehen, damit uns ausreichend Zeit füreinander bleibt. Weder morgens noch bei unserem Abschied darf Eile dominieren. Unsere Tochter soll sich stets das sichere Gefühl bewahren, dass Mami ganz bald wieder bei ihr ist und sie bei Mami. Selbstredend, dass ich jedes Wochenende von ganzem Herzen herbeiwünsche, um uneingeschränkt Zeit für unser Kind zu haben. Und obgleich die Tournee noch nicht einmal richtig begonnen hat, erwarte ich schon jetzt sehnsüchtig die Vorweihnachtszeit, in der Thomas für drei Wochen nach Hause kommt. Aber es gibt ein vorzeitiges, trauriges Wiedersehen.

Zwei Tage vor seiner Premiere von *Mutter Courage* ruft Thomas mich in der Klinik an. Er hat soeben die Nachricht erhalten, dass Klaus in den nächsten Stunden sterben wird. Thomas befindet sich bereits auf dem Weg von Diepholz nach Heidelberg. Er hofft, dass die Zeit reicht, um seinen Vater noch einmal lebend zu sehen und ihm Lebewohl zu sagen. Kurz vor Frankfurt spürt Thomas, dass Klaus in diesem Augenblick gestorben ist. Er ist verzweifelt, dass sein Auto ihn nicht schnell genug zu seinem sterbenden Vater gefahren hat. Und schon läutet das Autotelefon, und die Klinik teilt ihm mit, was Thomas bereits gespürt hat ... Als er nur eine Stunde später bei seinem toten Vater und seiner weinenden Familie eintrifft, die sich um ihn versammelt hat, sind bereits alle lebenserhaltenden medizinischen Apparaturen aus dem Sterbezimmer entfernt worden. Thomas hält ein letztes Mal die noch warme Hand seines Vaters fest umschlossen. Dann öffnet er das Fenster. Nun soll sich die Seele von Klaus auf ihren Weg nach Hause machen, an diesem kühlen, aber sonnigen Novembertag. Auf Wiedersehen, Klaus ...

Thomas fährt unmittelbar danach zurück nach Diepholz. Das ist die wahre Unbarmherzigkeit seines selbst erwählten Berufs- und Lebensbildes. Welche Karte das Leben auch immer spielt – der Clown steht auf der Bühne, tief in sich den Schmerz verschlossen, nicht wahrnehmbar für das Publikum, das den Clown sehen will. Es bleiben ihm Telefonate, Tinte und Briefpapier.

Mein Liebling,

was sind das für Tage, was ist das für ein Jahr? Keine Ruhe für unsere Familie, Aufregungen, Erschütterungen und Tragödien. Einen neuen Höhepunkt gestern mit Papis Tod. Es sind eine Flut von Gedanken, von Gefühlen, die über einem zusammenbrechen, ein ewiges Toben im Kopf, kurze Momente des Verschnaufens, dann geht der Sturm wieder los. Ich klammere mich an dich, an uns, ja sogar in Gedanken an Freya. Dann nicke ich ein und wache auf, denke, Papi steht im Raum. Wie immer, lachend, jovial. Da wird dann Realität: So etwas wird es nie wieder geben. Er ist einfach fortgegangen. Dann auch wieder ganz plötzlich. Ja, plötzlich fort! Wir hatten doch lange Zeit, uns mit der Tatsache zu beschäftigen. Haben wir's denn dann auch wirklich getan? Geredet haben wir viel, auch über die Unausweichlichkeit des Geschehenen. Aber wirklich damit gerechnet, so richtig? JEIN! Es ist mir nicht klar gewesen, was es heißt, für immer. Als ich zu dir gesagt habe, ich liebe dich für immer, habe ich das im Gefühl, im Hochgefühl der Liebe und Freude getan. Jetzt bleibt der Schmerz, das Aufwiedersehen, für immer. Jetzt erinnere ich mich nur noch, jetzt höre ich ihn nicht mehr.

[...] Gott sei Dank scheint heute die Sonne, es ist kein trüber, verhangener Tag, wie die letzten. Das macht bestimmt Papi, um zu zeigen, dass es ihm gut geht. Ich wüsste so gerne, wie's ihm geht? Zum Notenschreiben komme ich die letzten Tage nicht, die Ereignisse paralysieren sich gegenseitig. Mein Kopf ist so leer, ich kann ihn auch nicht zwingen. Deshalb werde ich die Zeit jetzt nur darauf verwenden, dir zu sagen, dass ich dich so ganz, ganz feste liebe, in dir ver-

sinke, dich an meine Schultern drücke und meine Hand auf deine
Wange lege. Mein Kind halte ich beschützt in meinen Armen und
liebe es!

Dein Thomas

(Aus: Gesammelte »Thomas-Briefe«)

Freya und ich fahren zur Beisetzung. Thomas wird spät in der
Nacht eintreffen, da er sich erst nach der Vorstellung auf den
Weg zu seinem Elternhaus machen kann. Die Vorstellung und
Sorge, wie traurig er jetzt in seinem Auto sitzt, macht mir an
diesem späten Abend besondere Angst. Endlich dann kann ich
ihn in den Armen halten, in denen er erschöpft einschläft.
Durch das fröhliche Singen unseres Kindes werden wir am
Morgen der Beisetzung geweckt. Ein verhangener, dunkler
Morgen hat den Schleier der Nacht fortgezogen und lässt den
jungen Tag nicht strahlen, bleifarbene Trauer überdeckt alle
Anmut dieser frühen Morgenstunden. Thomas duscht länger
als gewöhnlich, kleidet sich gedankenverloren an – sehnsuchts-
volle Traurigkeit in all seinem Gebaren. Wenig später fahren
wir zum Friedhof. Die Beisetzungszeremonie ist kurz und
farblos. Nur die Familie und einige sehr wenige Freunde sind
eingeladen. Klaus war ein Mann vieler Worte und vieler Taten
und wird nun fast wortlos verabschiedet. Das schmerzt Thomas sehr ... *»Ach, sie haben einen guten Mann begraben. Und mir*
war er mehr.« (»Beim Grabe meines Vaters« von Matthias
Claudius.) Aber Freya saust durch das Haus und schenkt ihm
große, große Liebe, und Thomas klammert sich an sein Töchterchen. Nur wenige Stunden später begibt er sich wieder auf
die Reise in Richtung Norden, um Theater zu spielen, im
wahrhaftigen Sinne dieses Wortes.

Gnädig zieht der Winter ein und tauscht das Grau der traurigen Novembertage gegen das strahlende Weiß sanft fallender Schneeflocken. Bereits Anfang Dezember ersticken wir förmlich in dicksten Schneemassen, und unser Kind genießt erstmals Schlittenfahrten durch das Winterwonderland, gut eingemummelt in seinem roten Schneeanzug und molligem Schafsfell. Ein fröhliches Bild, das wir als Weihnachtsgrußkarte festhalten. Wenige Tage später teilt mir die Tagesmutter mit, dass ihr die Aufgabe, sich um zwei kleine Mädchen zu kümmern, ganz einfach zu viel wird.

Ich stehe vor einem Problem. Eine liebevolle Betreuung werde ich so schnell nicht finden. Schließlich haben wir uns seit Längerem nach einer Kinderfrau umgesehen, die den Tag mit Freya in unserem Zuhause zubringt, damit unser Kind seine gewohnte Umgebung nicht verlassen muss. Aber das Problem wird nicht nur schnell, sondern auf die allerbeste und glücklichste Weise gelöst. Bereits am nächsten Tag reist mein Vater an, um Freyas 1. und meinen 40. Geburtstag mit uns zu feiern, worüber ich mich sehr freue. Und es ist kein wirklicher Glückszufall, denn Opi Alfred bringt eine Überraschung mit – meine wundervolle Mutter! Wer hat ein besseres Geschick, mit Kindern umzugehen, als Freyas Großmutter? Freya und Omi Hildegard sind ein glänzendes Team, und ich bin unbeschreiblich beruhigt, nun meine Mutter bei unserer Tochter zu wissen, die mich nebenbei auch noch richtig verwöhnt und die Bügelwäsche reduziert.

Endlich kommt auch Thomas nach Hause. Wir feiern unsere Geburtstage und Thomas schenkt Freya eine Kuckucksuhr. Liebevoll legt er mir eine Halskette aus weißen Perlen und klaren Aquamarinen um, gleich den Ohrringen, die ich zur Geburt unseres Kindes von ihm geschenkt bekommen habe. *Thomas wusste nicht um die Kraft dieser Steine, wusste nicht, dass Kristalle ein gebrochenes Herz zu heilen vermögen. Und er ahnte nicht, dass genau jenem blassblauen Kristall, dem Aquamarin, nachgesagt wird, dass er Furcht lindert, Intuition und spirituelles Bewusstsein fördert ... und dass er hilft, den Kontakt zu unseren Engeln zu finden.* Das Wissen um die Kraft meiner Aquamarine berührt mich heute ganz eigentümlich. Hat Thomas in einem unbewussten Augenblick in unser Lebensbuch schauen dürfen oder sich an unseren Lebensplan erinnert? Waren es deshalb Aquamarine, die er mir geschenkt hat? Erklärt das die Momente, von denen wir rückschauend sagen: »War nicht dies oder das von größerer Bedeutsamkeit? Habe ich nicht das eine oder andere erahnt oder gespürt?« Mein Vater reist zurück ins Westfälische. Meine Mutter aber bleibt bei uns, für eine lange Zeit.

Ich freue mich wahnsinnig auf Weihnachten mit meiner kleinen Familie, auf unbeschwerte freie Tage und kann es kaum erwarten. Freya spricht immer mehr, und meine Mutter ist ganz sicher die stolzeste Großmutter in Oberbayern, wenn sie mit ihrer kleinen Enkelin durch den Supermarkt geht und Freya lauthals tönt: »*Kinder! Kinder!*« Unsere Tochter liebt Kinder, große und kleine, über alles, möchte sie alle streicheln und ihnen einen Kuss geben. Seit wenigen Tagen ist aus den Gehversuchen unbefangenes Laufen geworden, und sie saust vergnügt durch das Haus. Gemeinsam besuchen wir den Münchner Christkindlmarkt und kaufen niedliche Weihnachtsbaumanhänger aus Holz und Watte für einen kindgerechten Baum. Die Porzellanglocken bleiben garantiert die nächsten Jahre in der Weihnachtskiste, aber weiße Wachskerzen und große rote Schleifen wird der Baum auch in diesem Jahr tragen dürfen. Meine Mutter schmückt am späten Nachmittag des Heiligen Abend mit mir den Christbaum, und erstmals werden die Schleifen gebügelt (tja!), bevor sie ihr Plätzchen am Baum finden.

Ich betrachte meine Mutter. Wie strahlend sie aussieht, wie tapfer sie kämpft. Es stimmt mich unendlich froh, dass sie bei uns ist. Und ich bin umso glücklicher, da ich wenige Tage zuvor einen ausnehmend wichtigen Erfolg für unsere Krebspatienten erzielen konnte. Auch unser Töchterchen ist festlich gekleidet und trägt ein bezauberndes dunkelgrünes Samtkleid, das Tante Barbara auf einem Antikmarkt entdeckt hat und in das Freya noch reichlich hineinwachsen kann, weshalb das Kleid ihr bis zu den Waden reicht und die Ärmel umgeschlagen werden. Der Tisch ist weihnachtlich eingedeckt, aus der Küche duftet es nach herrlichem Allerlei, und bald sind alle Kerzen am Weihnachtsbaum von Thomas angezündet. »Darf das Christkind kommen?«, ruft er uns herbei und läutet mit dem goldenen Glöckchen. Strahlende, leuchtende Kinderaugen, fasziniertes Staunen, rote Bäckchen, kleine Händchen, die sich strecken, um den bunten Christbaum zu streicheln, fröhlich aufgeregtes Entdecken der kleinen Spielzeughunde – wir hätten es uns nicht schöner ausmalen können – glückselige Weihnachtszeit, glückselige Zeit! Ein Bild, das wir auf immer in uns tragen werden.

Am ersten Weihnachtstag singen wir alle zusammen Weihnachtslieder, die Thomas am Flügel begleitet. Und noch ein Lied und noch eines, so lange, bis es unserem Töchterchen reicht, es das goldblonde Lockenkränzchen energisch schüttelt: »*Nein, nein, Papi!*«, und demonstrativ den Klavierdeckel herunterklappt (das sollte ich mir mal erlauben ...). Freya stimmt *ihr* Weihnachtslied an: »*Auf der Mauer, auf der Lauer, sitzt die kleine Wanze ...*« Also singen wir alle zum guten Schluss belustigt diese wohl wenig weihnachtliche Volksweise. Aber unsere Tochter genießt es und singt und dreht und wiegt sich im Rhythmus ihres Lieblingsliedes. Am späten Nachmittag besuchen wir unser kleines Kloster, um eine Kerze anzuzünden und für ein Gebet – im Gedenken an Klaus, dessen Bild auf dem Glastisch im Wohnzimmer steht. Viele gerahmte Verwandte stehen dort, große und kleine. Aber für Freya scheint das Foto von ihrem Großvater das bedeutsamste zu sein. Immer wieder streichelt sie das Bild und spricht zärtlich: *»Hallo, Opi Klaus ...«*

Im Nachbarhaus ist viele Monate zuvor Marion (*»Tante Maion!«*) mit ihrem Lebensgefährten *»Onkel Rank!«* eingezogen. Freya ist umso mehr begeistert, weil ihre lustige Patin nun jederzeit zum Herumtollen und Quatschmachen zu haben ist. Und Onkel Rank findet sowieso die Bewunderung unserer Tochter. Seine hoch gewachsene, eher schlaksige Gestalt, die rehbraunen Augen und sein unbekümmertes Naturell gefallen ihr, sodass sie sogar schon ein wenig mit ihm kokettiert. Und außerdem macht Onkel Rank unglaublich tolle Sachen. Freya liebt es, ihm zuzuschauen, wenn er nach dem Joggen im Garten meditiert und dabei so lustige Entspannungsübungen macht, die wir über den Gartenzaun beobachten dürfen. Unser Töchterchen zeigt stolz, dass es auch schon eine Brücke machen kann, und ruft ihm zu: *»Lau mal, Onkel Rank! Freya macht!«* Und er winkt uns lachend zu und lobt unser Kind. Onkel Rank hat stets neue Ideen. Natürlich auch zum Jahreswechsel, Millennium ins Jahr 2000: Epochale Silvesterparty mit Schneebar und zwei riesigen Lagerfeuern. Alle sind eingeladen und sollen nach der Party das Haus gründlichst putzen. Das hat Onkel Rank im alten Jahr »dummerweise« nicht mehr geschafft, und es sei angeblich eine »alte Party-Tradition« (?). »Wunderbar«, stimmt Thomas zu, »da schauen wir doch vorbei, feiern ein wenig mit, borgen den Gästen ein oder zwei Wischeimer, Schrubber und Putzlappen und schauen uns an, wie das Lagerfeuer den Rasen verbrennt!« Mit dem zwölften Glockenschlag ist ein neues Jahrtausend hereingebrochen, das die Partygäste mit ausgelassener Fröhlichkeit begrüßen, nicht ahnend, dass sie später mit Brummschädel und Kater das Haus putzen werden. Auch Thomas und ich halten uns vergnügt vor der Schneebar in den Armen und wünschen uns zu Beginn dieses Jahrtausends, dass unsere Liebe und unser Glück ewig bestehen bleiben mögen.« Was wird das neue Jahr an schönen Stunden oder Anstrengungen für uns bereithalten?«, fragt Thomas nachdenklich. Ich schaue hoch zum Himmel und suche nach unserem Stern. Wir konnten nicht wissen, dass das erste Jahr im neuen Jahrtausend für uns brennen sollte, so wie der Rasen von Onkel Rank.

Der Fühler ins Licht

Für zwei Tage kommt Thomas Ende Februar spät in der Nacht nach Hause. Leise stellt er seine Reisekoffer in den Hausflur, um niemanden zu wecken. Auch ich werde erst wach, als er sich an mich schmiegt. Wie jeden Morgen trage ich unsere Tochter, die nun schon ein »großes« Mädchen von vierzehn Monaten ist, nach dem Wachwerden die Treppe hinunter. Freya weiß nicht, dass Thomas zu Hause ist, und ich freue mich auf die große Überraschung. Als wir die letzten Stufen hinabsteigen, sieht sie die Reisekoffer im Korridor stehen. Erstaunt und neugierig läuft sie darauf zu. Ich höre, wie im oberen Stockwerk die Schlafzimmertür geöffnet wird. Thomas ist aufgewacht und kommt die Treppe herunter, aber Freya hat ihren Vater noch nicht bemerkt. Und nun geschieht etwas sehr Eindrucksvolles, Außergewöhnliches: Unser Kind betrachtet und untersucht die Koffer, jeden einzelnen. An den beiden großen Reisekoffern verliert es ganz schnell das Interesse. Seine Aufmerksamkeit gilt einem kleinen schwarzen Aktenkoffer, den ich gar nicht kenne. Thomas beobachtet das Geschehen von einer der unteren Treppenstufen aus. Immer wieder streichelt Freya den Aktenkoffer und spricht ganz selbstverständlich: »*Opi Klaus! Opi Klaus ist ...!*«

Thomas schaut mich an, und ich schaue fragend ihn an, der regungslos auf dem Treppenabsatz verharrt. Sekunden später unterbricht er das Szenario und ruft zärtlich: »Hallo, Fräulein Süßmaus! Wo ist Papis Maus?« »*Papi!!! Papi!!!*« Sofort eilt Freya zu ihm und schlingt ihre kleinen Ärmchen ganz fest um Thomas' Beine, der sie zu sich hinaufzieht, sie innig in seine Arme schließt und mit Küssen überschüttet. Unser Töchterchen strahlt und Thomas strahlt. Immer wieder greifen die kleinen Hände nach seinem Gesicht, streicheln seine Wangen, schmiegt sich ihr kleiner Körper fest in seine Arme. Der kleine

Koffer ist verblasst, vergessen in dem glücklichen Bewusstsein, dass ihr Vater da ist. Thomas trägt Freya ins Wohnzimmer. Und während sie die Milch trinkt, verliert sie ihren Papi nicht eine Sekunde aus den Augen. Immer wieder blinzelt sie ihm verschmitzt zu.

Nun kann ich Thomas endlich fragen: »Sag, was ist das für ein kleiner schwarzer Koffer? Ist er neu?« Thomas schaut mich an. »Nein, es ist der Aktenkoffer meines Vaters. Als ich meine Mutter während der Tournee besucht habe, hat sie ihn mir gegeben. Ich möchte ihn nun gegen meinen Notenkoffer austauschen und auf allen Reisen in Erinnerung an Papi mitnehmen. Außerdem hat sie mir einige Farbstiche aus seiner Sammlung mitgegeben.« »Hmmh, wie schön. Aber … warum hat ausgerechnet diesem kleinen Aktenkoffer Freyas besondere Aufmerksamkeit gegolten?« Mein Verstand kann das Ganze rational nicht erfassen, findet keine befriedigende Erklärung, sodass ich die Frage erneut in meinem Kopf bewege. Weshalb hat sie den kleinen Koffer gestreichelt und gesagt: »*Opi Klaus ist!*«? Einfach nur so? Intuition? Thomas lächelt mir zu, traurig und zugleich sehr zuversichtlich. Er ist sicher: »Freya hat die Gegenwart von Papi gespürt. Ja, sie hat ihren Großvater gesehen (!). Er muss genau dort gewesen sein, wo ich in der späten Nacht seinen Aktenkoffer abgestellt habe …«

Ich schaue in die Augen meines Mannes. Ja, ich hatte in Erzählungen davon gehört, dass kleine Kinder mit einem Füßchen noch im Himmel verhaftet sind, dass sie die jenseitige Welt, die uns Erwachsenen verschlossen scheint, wahrnehmen und beschreiben können. »Aber das sind doch bloß Geschichten oder rührende Märchen. Oder?!«, frage ich. Thomas schüttelt den Kopf. »Unser kleines Mädchen ist dem Himmel noch so nahe, dass es seinen Großvater ganz selbstverständlich wahrgenommen hat.«

Hat Freya ihren Großvater tatsächlich gespürt? Ist Klaus in diesem Moment in irgendeiner geistigen Form bei uns gewesen, und seine kleine Enkelin hat ihn gesehen? Zwischenzeitlich ist auch meine Mutter aufgewacht. Wir erzählen ihr die Geschichte von dem schwarzen Aktenkoffer. Etwas ungläubig schaut sie uns an. Ohne Kommentar, aber mit einem Gesichtsausdruck, der für sich spricht. Und ich kann sie verstehen. Wie soll man so etwas auch erklären, es klingt tatsächlich irgendwie befremdend, seltsam, fast ein wenig versponnen? Wir müssen die Plauderrunde aufheben, denn es wird langsam Zeit, in die Klinik zu fahren. Doch die wundersame Geschichte ist noch nicht zu Ende.

Unser Esszimmer ist nicht gerade riesig oder netter gesagt, es ist überschaubar groß. Ein Durchbruch verbindet es mit dem Wohnbereich. Und für die beiden Wandseiten des Esszimmers, direkt neben dem Durchbruch, wählen wir aus der Farbstichserie von Klaus vier Bilder aus, die wir am nächsten Tag an die Wand hängen, zwei für die rechte und zwei für die linke Wandbogenseite. Thomas, mit Wasserwaage, Zollstock, Bilderhaken und Bohrmaschine bewaffnet, und meine Mutter, startklar mit dem Staubsauger, um dem größten Unheil fachmännisch entgegenzuwirken, und schon könnte es eigentlich losgehen. Aber selbst vier Bilder aufzuhängen, kann eine Diskussion ungeahnten Ausmaßes herbeiführen. Da stellt sich nämlich die Frage: »Welche Bilder hängen wir an welche Wandseite?« Schließlich haben sich drei erwachsene Menschen dann doch noch entschieden, und Freya klatscht vor Entzücken in die Händchen, als Thomas endlich den Bohrer ansetzt. Ich trage sie auf meinem Arm, damit sie alles genau beobachten kann. Und als die vier Bilder hängen, lobt sie ihren Vater: »*Prima, Papi!*« Aber irgendwie schaut Thomas ein wenig entnervt aus. Dabei ist es doch ganz logisch: vier Bilder – vier beratende Familienmitglieder!

»Die Bilder hängen gerade und sauber, und gelobt haben wir dich auch, also bitte Thomas, lächeln!« Und schon muss er über uns alle lachen.

Nun betrachte ich mit Freya die einzelnen Bilder genauer. Auf einem Bild erkennt sie sofort eine Kirche, was sie toll findet, denn Kirchen sind für sie etwas ganz Besonderes. Immer, wenn sie eine Kirche sieht oder die Kirchenglocken läuten hört, macht sie uns darauf aufmerksam. So entdeckt sie nun den gemalten Kirchturm und ruft lautstark und begeistert: *»Glocken, bim-bam-bum macht!«*, und entzückt fügt sie inbrünstig hinzu: *»Opi Klaus ist ...!«* Thomas, meine Mutter und ich schauen uns überrascht an. Wir sind uns sicher, dass niemand während des Bilderaufhängens oder vorher auch nur mit einem Wort Klaus erwähnt hat. Und noch einmal ruft unser Kind: *»Glocken, bim-bam-bum macht! Kirche ist! Opi Klaus ist!«*, beugt sich von meinem Arm aus zum Bild und gibt ihm einen ihrer feuchten Küsse. *»Bussi, Bussi!«* Ungläubig schauen wir auf Freya, auf das Bild und wieder zurück auf Freya. Es ist eindeutig. Einmal mehr muss Freya ihren Großvater wahrgenommen haben. Davon ist nun auch Omi Hildegard überzeugt. Mein Verstand hinterfragt in diesem Moment nichts, wenngleich ich das Erlebnis noch lange in einer anderen Weise zu erklären versuche, mir jedoch keine *andere* logische Erklärung hierzu einfällt, ich es gar nicht anders erklären kann. Ich muss wohl begreifen lernen, dass unser kleines Mädchen mit seiner Wahrnehmung dem Leben im Himmel tatsächlich verbunden ist. Dass kleine Kinder, und auch unser Kind, jenseitige Dinge wahrnehmen, die uns Erwachsenen verschlossen scheinen. Thomas drückt Freya an sich. Wie glücklich er ist! Unsere Tochter hat ihm bestätigt, dass sein Vater nicht tot ist für alle Zeit, dass Klaus nicht nur auf einer paradiesischen Wolke den lieben Tag lang Harfe spielt, sondern dass er bei uns ist und ganz offensichtlich an

72

unserem Leben teilnimmt. Für Thomas steht das außerfrage. Und für mich? Darüber werde ich ein anderes Mal nachdenken!

Nach allen Bemühungen finden wir schließlich doch noch eine liebevolle Kinderpflegerin, die im Handumdrehen Freyas Herz gewinnt und unser Kind ab sofort zu Hause versorgt, Birgit. Drei Monate ist es her, dass meine Mutter spontan unsere kleine Familie ergänzt hat, ihr eigenes Leben mit dem restlichen Teil meiner Familie, ihren Freunden und allen persönlichen Aktivitäten selbstlos hinter unsere kleine Not gestellt hat, um weit mehr als nur die Aufgaben einer liebevollen Mutter und Großmutter zu übernehmen, wofür wir ihr auf immer dankbar sind. Von dem, was einem lieb ist, trennt man sich nicht gerne, und wir sind natürlich sehr traurig, dass sie uns nun verlässt. Aber wir werden viel telefonieren und uns im Sommer wiedersehen, und darauf freuen wir uns.

Unser Töchterchen und Birgit sind von Anfang an sehr herzlich miteinander. Gemeinsam haben sie viel Spaß und besuchen verschiedene Krabbelgruppen, damit unser Kind auch mit kleinen Freunden seines Alters spielen und herumtollen kann. Ausgelassen hüpft Freya an meiner Hand die Treppenstufen hinunter, sobald Birgit eintrifft, um sie zu begrüßen und aufzufordern, auch all ihren Kuscheltieren einen guten Morgen zu wünschen und danach mit ihr zu spielen. An der Haustür stehen sie dann beide, um mir zum Abschied kräftig zuzuwinken, und wir werfen uns gegenseitig ein letztes Handbussi zu.

Nun gibt es noch ein *kleines schwarzes Buch*, in das Birgit ihre Tageserlebnisse mit unserem Kind einträgt. Auch kleine Notizen und Nachrichten von mir finden dort ihr Plätzchen. Nachdem Birgit ihren Rhythmus gefunden hat, übernimmt sie es auch, mittags kleinere Gerichte selbst zu kochen, wodurch ich nach dem Zubettbringen von Freya ein wenig mehr Zeit für die restlichen Arbeiten finde oder um einen Brief an Thomas zu schreiben.

9. März 2000

Lieber Papi,
mein Liebling!

Du bist immer ganz nah bei uns – bei Mami und deiner Freya-Süßmaus. Jeden Abend zeigt mir Mami das Bild von dir (von Weihnachten, da sitzen wir gemeinsam im Wohnzimmer, du auf der Couch und ich zu deinen Füßen). Dann freue ich mich immer riesig und gebe dir einen dicken Kuss. Das Bild ist nun schon etwas klebrig, weil ich dabei gleichzeitig meinen Brei essen muss. Na ja, außerdem ist's ja auch mein Bild, und damit kann ich machen, was ich will!

Wie du weißt, kann ich die Treppen nun schon ganz flink hochklettern. Manchmal nehme ich auch Tiger Arthur an die Hand, und wir klettern gemeinsam. Dann dauert's halt ein bisschen länger – Arthur ist nun einmal nicht der Schnellste. Ach ja, und Mami sitzt mir stets im Nacken und beobachtet mich. Da kann man nicht eine Stufe allein und in Ruhe nehmen!

Mami ist ganz traurig, dass du so weit weg von uns bist und deine »La-la-la-Musik« machen musst, um »die Taler zu verdienen«. So tröste ich sie immer und gebe ihr viel Anlass zum Lachen. Wir sind ein gutes Team, die Mami und ich. Und wenn du, lieber, lieber Papi, wieder zu Hause bist, dann sind wir ein unschlagbares Team. Deshalb freuen wir uns ganz, ganz toll auf Ende März und darauf, dass du nach Hause kommst! Mami habe ich schon gesagt, dass sie unbedingt darauf achten muss, dass dein Bett aufgedeckt wird. Deinen

Schlafanzug soll sie am besten schon heute herauslegen ... (das hatte ich einmal vergessen, woraufhin Thomas glaubte, ich liebe ihn nicht mehr ...) *Na ja, Papi, du kennst sie ja besser als ich. Aber mal so, von Tochter zu Vater: Manchmal ist sie schon ganz schön schusselig, unsere Mami. Aber ich pass gut auf sie auf – Dummheiten werden bei uns keine gemacht. So, lieber, lieber Papi – jetzt schlaf schön und träume von uns, und wir träumen von dir und sind dir ganz, ganz nahe. Pass auf dich auf. Wir lieben dich sehr! Bussi, Bussi,*

FREYA & Mami

Sehnsüchtig freue ich mich weiterhin auf jedes heranrückende Wochenende, um die Tage ausschließlich mit Freya verbringen zu können. Einen gemeinsamen Tag, den ich in unserem kleinen blauen Buch festgehalten habe, möchte ich hier ganz einfach wiedergeben, nicht nur, weil es eine rührende Geschichte ist, sondern weil sie Freyas fröhliches und zärtliches Wesen beschreibt.

25. MÄRZ 2000 (SAMSTAG)

Freya ist nun bereits 15 Monate alt und spricht bedeutungsvolle Worte [wie ... u.v.m.].

Mami und Freya haben sich heute bereits ganz früh auf die Beine gemacht. Ein wunderschöner Sonnentag lädt uns ein zum Spazierengehen und Shopping. Freya bekommt neue Schuhe, die ersten Halbschuhe, und Stiefel für den Regentag und den Sandkasten. Sie ist von ihren neuen Stiefeln entzückt und ruft stolz und hocherfreut: »Uih-uih!« Denn alles, was ihr besonders gefällt und ihr Herz gewonnen hat, wird mit der Bemerkung »Uih!« oder »Toll!« gelobt und liebevoll geküsst (Schuhe, Hunde, Fotos etc.). Nachdem wir vom Einkauf zurückkommen (u.a. haben wir Kirschzweige gekauft) und

75

gemeinsam unsere Bratwurst (»Bratturst«) mit Kartoffelbrei verspeist haben, ist Fräulein Süßmaus müde und macht einen ausgiebigen Mittagsschlaf. Diese Zeit nutze ich und schmücke die Kirschzweige zum bunten Osterstrauß. Der Strauß sieht wirklich schön aus: bunte Ostereier, kleine Häschen, Käfer, Hühner, Küken und Schleifen prangen auf dem Kachelofen.

Als wir nach dem Mittagsschlaf das Wohnzimmer betreten, bemerkt Freya sofort den Osterstrauß. Fasziniert und sprach- und regungslos betrachtet sie minutenlang das Schmuck- und Farbenspiel. Dann, und das ist wiederum typisch für Freya, möchte sie jedes einzelne Teil am Osterstrauß berühren, um jedes zu streicheln und »ei!« (= Liebkosung) zu sagen. Viel Spaß hat sie dabei, denn der Strauß ist groß, und Mami muss sie ganz hochheben. Minuten später. Freya steht vor dem Ofen und bewundert immer wieder den Osterstrauß. Mit einem Mal läuft sie zu mir, streichelt mich und lobt mich für den schönen Strauß mit den Worten: »Toll! Mami!« Dann holt sie ihren Lieblingstiger Arthur, hebt ihn hoch, um ihm den Strauß zu zeigen, und ruft »Uih-Uih!«. Noch etwas später betrachtet sie abermals den bunten Strauß, hält Arthur fest im Arm und spricht zu ihm mit den Worten: »Da, Arthur, lau mal!« In diesem Moment wird mir bewusst, wie oft ich diese Worte »Schau mal, Freya!« sage, und ich bin stolz, dass meine Tochter meine Aufmerksamkeiten an ihre Kuscheltiere weitergibt, damit auch die etwas fürs Leben lernen!

(Aus: »Blaues Buch«)

Das Osterfest erwartet uns mit fantastischem Sonnenschein. Es ist das erste Mal, dass unsere Tochter Ostereier suchen wird, und umso größer ist für mich die Vorfreude beim heimlichen Einfärben der Eier. Eifrig sammelt Freya am Ostersonntag die versteckten Ostereier in ihrem kleinen Körbchen, wenngleich sie mit ihren gerade einmal sechzehn Monaten noch zu klein ist, um zu begreifen, warum ein Hase sie durch den Garten irren und mit Marion und Papi bunte Eier suchen lässt. Noch mehr gefällt ihr, dass sie beim Frühstück die gesammelten Eier selbst aufschlagen darf, und sie quietscht vor Vergnügen. Tante Marion schenkt ihrem kleinen Liebling ein niedliches Sommerkleid, das sofort Freyas Bewunderung findet. Und da es warm ist, läuten wir den Sommer ein, und unser Mädchen darf ihr neues Kleid und Sandalen anziehen, worauf sie unglaublich stolz ist. Und schon sind wir startbereit für einen Ausflug, um Enten zu füttern und um Marion die Klinik zu zeigen, in der ich arbeite. Freya kennt die Klinik bereits, weil sie mich hin und wieder mit Thomas kurz besuchen kommt. Es ist uns wichtig, dass unsere Tochter weiß, wo ihre Mutter sich tagsüber befindet.

Nach dem Sightseeing und nachdem die Enten im Kurpark ausreichend bewundert und gefüttert sind, machen wir eine kleine Rast auf der Sonnenterrasse eines einladenden Café-Restaurants. Unmittelbar vor dem Café befindet sich eine sanft abfallende Wiese mit farbenfroh blühenden Butterblumen und unzähligen Gänseblumen, »Mamas Liebchen«. Wir finden ein schattiges Plätzchen auf der Terrasse und geben unsere Bestellung auf. Freya läuft verspielt durch das hohe Gras und zeigt uns, dass sie wie ein Pinguin watscheln kann: »*Lau (schau) mal, Freya Pinguin macht!*« Weit streckt sie beide Arme nach hinten und beugt das Köpfchen nach vorn. Nun ruft sie mich, um mit ihr gemeinsam den Pinguin nachzuahmen: »*Mami auch! Mami auch Pinguin machen, ja?!*« Na, prima! Ich muss schmunzeln.

Jetzt stehe ich gleichfalls inmitten der Wiese. Mein Blick fällt auf unser Kind, wie es vor meinen Augen unbeschwert durch das Gras hüpft, sodann auf die bunte Frühlingswiese um uns herum und schließlich auf das höher liegende freundliche Café-Restaurant mit seinem weißen Außenanstrich. Welch ein malerisches Bild. Aber irgendwie kommt es mir vertraut vor ...?! Und mit einem Mal wird mir klar ... *es ist das anmutige, unvergessliche Traumbild, das ich einst in meiner Traumreise gesehen habe! Das hübsche weiße Haus, die behutsam abfallende Wiese mit ihren farbenprächtigen Wiesenblumen, eingehüllt in das warme Licht eines Sommertages. Und das blond gelockte Mädchen in seinem leichten Sommerkleid, das in meinem Traumbild so fröhlich hüpfend durch die bunte Wiesenaue lief, das war ... unser Töchterchen! Mein Traum bedeutete mehr, als ich damals zu ahnen wagte – es war ein träumender und zugleich wahrhaftiger Blick in die Zukunft. In diesem einzigen Traumbild, liebreizend und schön, hat sich Freya mit mir bekannt gemacht!* Ich laufe zu unserem Töchterchen, und es fällt lachend in meine ausgestreckten Arme.

Eingehüllt in Licht

UNSER FAMILIENLEBEN und unsere beruflichen Verpflichtungen, alles hat sich aufeinander eingespielt und ist im Einklang. Natürlich ist es hier und da auch mal anstrengend, und vielleicht auch ein klein wenig mühselig, allen Ansprüchen, den familiären und den beruflichen, gleichermaßen gerecht zu werden. Aber ich denke, dass diese Fragestellung jede berufstätige Mutter beschäftigt. Freya, unser Sonnenschein, entwickelt sich mit riesigen Schritten, und wir sind unglaublich stolz auf unser Kind.

SONNTAG, 30. APRIL 2000

Freya badet mit Papa. Eifrig planscht sie mit ihrer Ente und wäscht sie mit dem Waschlappen. Mami schaut zu. Plötzlich fängt Freya an zu singen: »Alle meine Entchen ...« Ganz alleine wird das Lied komplett gesungen. Noch sind nicht alle Worte perfekt, aber die Noten stimmen alle. Toll!

(AUS: »BLAUES BUCH«, EINTRAGUNG PAPI)

Thomas ist seit vielen Jahren Musikalischer Leiter bei den Burgfestspielen in Jagsthausen, einem der bekannten deutschen Festspielorte. In jüngeren Jahren stand er selbst viele Spielzeiten lang als Protagonist auf den Brettern des Burghofs. In der berühmten Kulisse der Götzenburg wird in jedem Sommer traditionsgemäß *Götz von Berlichingen* (Goethe) aufgeführt, jeweils in einer beachtlichen Neuinszenierung und prominenter Besetzung. Eine spannende Sache, wie ich jedes Jahr erneut feststelle! Die Spielpläne sind darüber hinaus vielfältig, sodass neben dem traditionellen *Götz* weitere Inszenierungen den Burghof bereichern, vom Klassiker bis hin zum Kindertheater. Jedes Frühjahr freut sich Thomas auf die neue Spielzeit, seine musikalischen Aufgaben und seine Jagstfreunde. In diesem Jahr übernimmt er neben der Musik für den *Götz* und den *Faust* auch die Komposition und musikalische Einrichtung für das Märchenmusical *Dornröschen*. Gerade die Kinderstücke in der romantischen Burgkulisse sind alljährlich ein besonderes Ereignis. Kein Wunder, wenn Hunderte von ihren Mamis für dieses Erlebnis so fein gemachte Lieblinge im sonnigen Burghof sitzen, lachend, kreischend, mit staunenden Augen und offenen kleinen Mündern mitspielen, vor lauter Begeisterung am Ende des Stücks aufspringen und Hunderte Jagsthausen-Sonnenschirmmützchen durch die Luft gewirbelt werden. Wessen Herz sollte das nicht berühren?

Freya und ich haben die Musik, die Thomas mit Liebe komponiert hat, bereits zu Hause gehört. In einem Märchenbuch schauen wir uns das Bild von Dornröschen an. Natürlich versteht unsere Tochter noch keine Märchen, aber die Prinzessin »*Röschen!*« und ihr »*dicker Koch!*« gefallen ihr und bekommen deshalb wieder einmal einen Kuss. Da Thomas so ungemein stolz darüber ist, wie gerne und wie »schön« unser Kind singt und mit welchem Vergnügen es zu aller Art Musik tanzt, beschließt er, dass wir einen Familienausflug nach Jagsthausen unternehmen, um uns gemeinsam die Premiere anzusehen. Ich frage Thomas: »Meinst du nicht, dass Freya vielleicht doch noch ein wenig zu klein ist, um sich das Märchen anzuschauen?« »Nun ja«, entgegnet Thomas, »begreifen wird sie das Märchen sicher nicht. Aber das hübsche Dornröschen und all die anderen lustigen Darsteller und die vielen, vielen Kinder werden sie bestimmt faszinieren. Und Rudi Rudolph und Tante Marion kommen auch mit!«

Gut gelaunt nehmen wir im Burghof zwischen all den aufgeregten Kindern unsere Plätze ein und bewundern das Bühnenbild aus gemalten Rosen. Normalerweise ist Thomas bei einer Premiere, an der er selbst künstlerisch beteiligt ist, niemals im Zuschauerraum. Aber heute soll es so sein, dass er sich neben mich setzt, und Freya sitzt auf seinem Schoß. Was ist das für ein aufgewühltes, fiebriges Gezappel und Gemurmel um uns herum, bis es schließlich und endlich losgeht. Achtung, aufgepasst! Schon wird es ganz still im Burghof, alle Kinder sind eingefangen in der Märchenwelt, auch unsere Tochter. Wie aufmerksam und konzentriert sie ist! Offensichtlich sind aber auch Thomas und ich von dem Geschehen auf der Bühne so gefesselt, dass wir nicht bemerken, wie eine Kamera gezückt und ein Foto von uns gemacht wird, das wir erst gut acht Monate später zugeschickt bekommen. Ein seltenes Bild, auf dem Freya, Thomas und ich gemeinsam aufgenommen sind. Üblicherweise fehlen entweder Thomas oder ich auf den Fotos, weil der eine oder andere von uns fotografiert.

In diesem Moment erscheint der unglaublich spannende grüne Märchendrache auf der Bühne, den unser Töchterchen zu gerne streicheln möchte. Um zu verhindern, dass es auf die Bühne läuft, um den Drachen abzuküssen, nimmt Thomas es hoch, geht ein wenig im hinteren Teil des Burghofs mit ihm spazieren und kehrt erst zurück, nachdem der Drache seinen Abgang gemacht hat. Danach können wir uns die Vorstellung gemeinsam bis zum Schluss ansehen, und wie all die anderen Kinder, applaudiert auch Freya am Ende des Märchens ganz selbstverständlich den fabelhaften Schauspielern. Das Applaudieren kennt sie bereits von zu Hause, denn Thomas bekommt von ihr auch »*Applaus! Applaus! Papi!*«, wenn er die richtige Musik für sie spielt, also ihren Musikgeschmack trifft, und auch Freya erhält »Applaus! Applaus! Mäuslein!«, wenn sie auf den Klaviertasten herumklimpert.

Auch diese kleine Episode erzähle ich aus einem ganz bestimmten Grund. Als wir uns das Familienfoto, das an diesem Tag im Burghof der Götzenburg aufgenommen wurde und das heute zwischen den vielen anderen Fotografien seinen Platz auf unserem Glastisch gefunden hat, Monate später betrachten, fällt einem Freund etwas ganz Besonderes daran auf. Und nun sehen auch Thomas und ich die Besonderheit auf diesem Bild, die ich jetzt zu beschreiben versuche. Es wurde im Profil, sozusagen von links nach rechts, aufgenommen. Im vorderen, linken Teil des Fotos bin ich zu sehen, dann folgt in der Mitte Thomas und rechts Freya, die auf seinem Schoß sitzt, und alle drei schauen wir auf die Burghofbühne. Spricht man bei einer Fotografie von Lichtreflexen und Schattenwürfen, so würde das aufgenommene Bild sich normalerweise vom Hellen ins Dunkle bewegen. Demnach wäre also ich, die ich ganz links im Vordergrund des Bildes bin, heller abgelichtet als unsere Tochter, deren Köpfchen im hintersten Teil des Bildes eingefangen wurde.

Das Verwunderliche an dieser Aufnahme aber ist, dass der Lichtverlauf nicht stimmt! Zwar bin ich tatsächlich heller abgelichtet als Thomas, und das Bild verläuft der Norm entsprechend dunkel weiter, wird aber dann bei Freya – und nur bei Freyas Köpfchen – wieder hell, sehr hell, erheblich heller noch als bei mir. Wie eingetaucht in ein feines zartes Licht! Wirklich seltsam und außergewöhnlich. Wie ist das zu erklären?

Sicherlich eröffnet dies Raum für Spekulationen, um dann vielleicht doch noch eine einleuchtende physikalische oder fototechnische Erklärung zu finden. Was ich nicht erklären kann, das versuche ich im Allgemeinen und so weit wie möglich zu ergründen. War vielleicht die Belichtungsmessung der Kamera defekt? »Abblenden ergibt eine größere Tiefenschärfe. Bei zu starker Abblendung kann sich die Bildgüte durch Beugungserscheinungen verschlechtern«, lese ich nach. Liegt es also ganz simpel an der Bildqualität? Nein, gewiss nicht. Zwischenzeitlich habe ich gelernt, bei manch einer Frage einfach die Zeit verstreichen zu lassen in der (mittlerweile sicheren) Gewissheit, dass mir irgendwann, auf unterschiedlichsten Wegen (zum richtigen Zeitpunkt) die Antwort oder Lösung zufallen wird. So habe ich auch jetzt nicht weiter gesucht, aber dann doch die für mich einzig stimmige Erklärung dieses Phänomens gefunden, als ich auf Informationen über die menschliche Aura stieß. Es war eines dieser »Aha-Erlebnisse«, die jedem im Laufe des Lebens immer wieder mal begegnen. Diese Erklärung mag für manchen ungewohnt oder sogar befremdlich erscheinen, dennoch führt sie Aussagen mit sich, denen ich mich nicht entziehen möchte.

Körper, Geist und Seele, aus diesen drei Elementen, so wird uns gelehrt, besteht der Mensch. Wissenschaftler teilen diese drei *Seinsbestandteile* konkret ein, in den *grobstofflichen Körper* (physische Hülle oder irdischer Körper), den Geist oder den *feinstofflichen Körper* (auch Fluidal-, Astral-, Energie-, Bioplasmakörper oder Ätherleib genannt) und die *Seele*. Forschungsergebnisse belegen darüber hinaus das Vorhandensein einer sogenannten Aura. Ein Begriff, der bestimmt vielen bekannt ist und der mittels Aura-Fotografie nachgewiesen werden konnte. Unter Aura wird also nicht nur die persönliche (positive oder negative) Ausstrahlung verstanden, sondern die tatsächlich sichtbare menschliche Ausstrahlung, die vom feinstofflichen Körper ausgeht. Bereits Ende der Vierzigerjahre wurde durch den sogenannten Kirlian-Effekt ein bestimmtes Verfahren zur Sichtbarmachung des Fluidalkörpers entwickelt. So konnten die farbigen Lichter und Energiestrahlen, die dem menschlichen Körper entströmen (Aura), sichtbar dargestellt und damit das Vorhandensein eines feinstofflichen Körpers aufgezeigt werden.

Es steht für mich außerfrage, dass ein jedes von Gott erschaffene Lebewesen beseelt ist und jedem Geschöpf ein göttlicher Funke innewohnt. Und ich bin davon überzeugt, dass alles Leben nicht nur beseelt ist, sondern darüber hinaus auch einen Energiekörper und eine Aura besitzt. Die Aurastrahlung selbst geht vom feinstofflichen Fluidalkörper aus und ist am intensivsten um das Haupt des Menschen herum zu sehen. Je nach geistiger oder seelischer Entwicklungsstufe ist die Aura von unterschiedlicher Intensität oder Strahlung und Farbe, sind die Farben klar oder unklar. Somit ist die Aura sicherlich auch als ein Spiegel von Harmonien oder Disharmonien zu betrachten und reflektiert die menschlich-seelische Entwicklung. Dies bringen auch die verklärten Heiligenbilder aller Religionsrichtungen mit ihrem goldenen oder strahlenden Heiligenschein oder Nimbus zum Ausdruck, nämlich eine leuchtendreine Aura, ein mystisches und doch göttliches Symbol der höchsten Vollendung.

Unsere Tochter zu glorifizieren, liegt mir wirklich fern, und dennoch gibt es für mich beim Betrachten unseres »Dornröschenfotos«, auf dem unser Kind so hell, ja nahezu transparent zu sehen ist, eingehüllt in ein feines zartes Licht (was unter den von mir beschriebenen Aspekten außergewöhnlich und verwunderlich ist), nur diese einzige Erklärung – die Kamera hat Freyas Strahlenglanz eingefangen, das leuchtende *Symbol der Vollendung.*

Schmetterlingsflüstern

Ich erinnere mich nicht, ab wann genau unser Töchterchen die besondere Aufmerksamkeit für Kirchen empfunden hat. Immer wieder macht sie uns darauf aufmerksam. Selbst bei unseren gemeinsamen Autofahrten ruft sie: »Achtung! Kirche kommt!« Bei den Spaziergängen kommen wir ab und zu an einer der Kirchen unserer Gemeinde vorbei. Freya erkennt die Sankt Laurentius Kirche sofort und will »Lauen (schauen), (wo) liebe Gott wohnt!«. Wenn wir dann ihrem Wunsch folgen und in die Kirche gehen, müssen wir sie nicht bitten, sich ruhig zu verhalten, um den Frieden und die betenden Kirchenbesucher nicht zu stören. Von selbst wird sie ganz leise und sehr, sehr aufmerksam, ja geradezu feierlich andächtig. Schauen will sie, immerzu, den lieben Gott möchte sie sehen, Maria und das Jesus-Kind. Und dazu haben wir sie keineswegs angehalten, es ist ihr innerster Wunsch – und wir wissen nicht, was sie dazu drängt.

Am Vormittag gingen Freya und ich spazieren. Dabei besuchten wir den Gott. Freya wollte unbedingt in die Kirche. Sie war ganz still, als wir in der Kirche waren. Sie meinte dann immer, der liebe Gott sei traurig (»Liebe Gott traurig ist!«). Ich erklärte ihr, dass der liebe Gott nicht traurig sei. Als wir von der Kirche weggingen, meinte Freya: »Ciao, ciao, lieber Gott.« Wir setzten unseren Spaziergang fort und kamen bei den Feuerwehrautos vorbei. Freya meinte: »Auto brumm, brumm und tatütata machen.« Auf der anderen Seite standen die ganzen Wagen des Bauhofes. Ich erklärte ihr, dass die Wagen alle eine bestimmte Aufgabe haben. Zum Schluss zählten wir noch die Wagen und kamen auf 6 Autos. [...] Wir waren auf dem Heimweg. Plötzlich sagte Freya: »Gott!« Sie hatte ein Kreuz an der Hausmauer entdeckt. Daraufhin erklärte ich, dass der liebe Gott das Haus beschützt ...

(Aus: »Schwarzes Buch«, Tagebucheintragung von Birgit)

Natürlich haben wir unserem Kind vom lieben Gott, dem Jesus-Kind oder den Engeln erzählt, aber eigentlich nur beiläufig, weil Freya noch so klein ist. Und gerade weil sie noch so klein ist, haben wir auch nicht die heilige Messe mit unserem Töchterchen besucht oder abends ein Gebet gesprochen, in der Annahme, dass sie den Inhalt noch nicht versteht. Vor dem Schlafengehen sind wir zärtlich miteinander, haben uns einfach nur lieb. Und wir singen mit ihr an ihrem Bettchen, denn auch die Lieder erzählen unserem Kind von Gott oder den Engeln. Aber Freya weiß augenscheinlich vom lieben Gott und seinen Engeln viel mehr, als wir jemals erahnen können. Das Rätsel um ihre innige Gottesbeziehung und ihr himmlisches Wissen werden wir in diesem Leben wohl niemals ergründen können. Es bleibt ihr paradiesisches Geheimnis. Aber die Erinnerung, dass unser Kind zu jeder Gelegenheit, und auch in den Ferien, wie selbstverständlich vom lieben Gott erzählt hat, lässt mich zurückblicken.

Bis zu diesem Sommer war das Wort »Ferien« in unserer Terminologie so gut wie nicht vorhanden. Solange wir unser Dasein ohne unser Töchterchen lebten, haben wir es nicht als ein Defizit empfunden, da wir weiß Gott in einer der schönsten Urlaubsregionen Deutschlands leben. Wie sich das gesamte Lebensmuster durch ein Kind verändert, so verändert es auch die Ansichten, weshalb wir jetzt der Meinung sind, dass zwei Wochen Ferien unserer kleinen Familie guttun werden. Und damit wir wirklich unsere Seelen baumeln lassen können, weit weg von den alltäglichen Mühen und Sorgen, und nur mehr Zeit für uns drei haben, ist es angebracht, dass wir Oberbayern den Rücken kehren und in andere Gefilde reisen. Die Schauspielerin Ellen S. bietet uns an, in ihrem Haus in Artá, auf der östlichen Halbinsel von Mallorca, zu wohnen. Ein traumhaftes Feriendomizil für Eltern mit einem kleinen Kind. Mein Herz wird weit, wenn ich an diese unbeschwerten Tage im »*Ellen-*

haus«, wie unser Töchterchen das kleine Stadthaus spontan tauft, zurückdenke. War es der beschauliche Ort Artá, das zauberhafte Ellenhaus, die mallorquinische Sommersonne und das Meer oder unser Zusammensein? Wahrscheinlich befruchtet sich alles Schöne gegenseitig und erhält dadurch seine Anmut.

Als wir in der letzten Juniwoche zu unserem ersten und einzigen Familienurlaub aufbrechen, ist Freya achtzehn Monate alt. Dass das gesamte Gepäck bei der Ankunft in Spanien vollkommen durchnässt ist, weil es vor der Abreise auf dem Münchner Flughafen im Regen stehen gelassen wurde, kann unsere Freude nicht trüben. Das Ellenhaus ist perfekt ausgestattet, sodass es kein Problem ist, schnell die Wäsche zu waschen und in der warmen Sonne Spaniens zu trocknen. Und unsere Tochter liebt es, mit den Wäscheklammern zu spielen und mir zu helfen: »*Freya auch ... Mami helfen! Teamarbeit, Mami!*« Ausgestattet mit Sonnenschirm, Sandeimern, Schaufeln und zahlreichen Sandförmchen fahren wir mit einem kleinen Mietwagen zur »*großen Badewanne!*«, wie unser Kind das Meer staunend umtauft.

An dem schönen Sandstrand kann unsere Tochter ein »*Nacktfrosch*« sein. Befreit von der lästigen Windel, trägt sie lediglich ab und zu eine kleine Badehose. Die niedliche rote Badehose mit lustigen Schleifen hat Thomas zu Beginn des Sommers für sein Töchterchen ausgesucht, und das zartgelbe Höschen – mit den entzückenden Häkelornamenten aus rosa und gelben Rosenblüten – haben Freya und ich entdeckt. Gut eingecremt, das Lockenköpfchen mit einem weißen Schirmhut bedeckt, stapft unser Kind keck durch den feinen weißen Sand, staunend, lachend und wie immer sehr beschäftigt. Hand in Hand hüpft Freya mit mir in das kühle Nass der Wellen, die sich behutsam am Strand brechen und die ihre Beinchen mit Schaum umspielen. Und auf Papis Armen geht es sogar hinein in das blaue Meer. Welch ein Riesenspaß für unser Mädchen!

Ob klein oder groß, jeden Badegast strahlt es fröhlich an, verteilt an seine neuen Freunde Honigmelonenstücke und erhält schmunzelnd manch andere Leckerei zurück. Wir kaufen ein blaues Schlauchboot mit Meeresmotiven. Darin sitzt Freya erwartungsvoll, und wir ziehen sie und schwimmen mit ihr einige Meter durch das glitzernde Meer, was ihr natürlich ein außerordentliches Vergnügen bereitet. Am Strand füllt sie das kleine Schlauchboot emsig mit Wasser, das sie mit den Sandeimern am Meeresrand schöpft. Danach werde ich genötigt, mich gemeinsam mit ihr in das Schlauchboot und die dort aufgewärmte Meeresbrühe zu setzen oder vielmehr zu quetschen, zusätzlich von Freya mit Sand aufgefüllt *(»Prima, Mami!«)*, und ich bin unendlich glücklich. Bei der Heimreise ist sie so müde, dass sie im Auto einschläft.

Ins Ellenhaus zurückgekehrt, wird unser Kind wieder munter, vor allem, wenn Thomas den Motorroller besteigt, der in der Kammer für Stadtfahrten bereitsteht. Freya winkt eifrig und klatscht vor Vergnügen in die Händchen. Das *»Morrad!«*, wie sie begeistert ruft, hat es ihr ganz besonders angetan. Abends decken wir den Motorroller mit einer Wolldecke zu und er bekommt das obligatorische Bussi, damit er gut einschlafen kann: *»Gute Nacht, Morrad! Morrad, fein schlafen, ja?!«* Morgens kontrolliert Freya als Erstes, ob das Motorrad noch schläft. Und zu ihrem Vater, dem Helden, sagt sie: *»Papili Morrad fahren, ja?! Papili, toller Mann!«*

Ich erinnere mich gerne und mit Sehnsucht, wie wir an einem Ferienabend an der rustikalen spanischen Tafel sitzen. Thomas sitzt rechts von mir, und Freya thront auf mehreren Kissen im Lehnstuhl an meiner linken Seite. Über ihrem weißen Body hat Thomas ihr ein dunkelblaues Lätzchen angelegt. Darauf lächelt uns ein kleiner brauner Bär freundlich entgegen. Freyas hübsches Gesicht glänzt durch die Fettcreme, die ich nach dem Baden aufgetragen habe, und ihre

blonden Locken kräuseln sich durch die hohe Luftfeuchtig-
keit der frühen Abendstunden noch mehr. Die zierlichen
Gnocchini und die Fleischstücke sind bestens geeignet, dass
unsere Tochter sie allein aufpicken kann. Sehr beschäftigt ist
sie mit dem Essen, nicht ein Mal blickt sie zu uns auf. Das ist
nicht weiter ungewöhnlich, ist unser Kind doch eine leiden-
schaftliche Genießerin. Dann aber legt sie die Gabel auf den
Teller, und Freyas tiefgründiger Blick begegnet mir. Ihre
blauen Augen schauen mich ganz wichtig an, und ihre kleine
Hand streichelt zärtlich meinen Arm. »*Hmmh, Mami, lecker
– schmeckt gut!*« Thomas und ich sind gerührt. Während Thomas ergriffen meine Hand drückt, versuche ich, die Tränen zu
verbergen und liebkose ihre Wange: »Danke schön, Freya!
Mami freut sich sehr, dass es dir so gut schmeckt!«

Aber Freya ist auch oftmals komisch und überrascht uns
immer wieder mit ihrer kindlichen Logik.

27. Juni 2000 (Artá, Mallorca)

*Freya, Mami und Papi verbringen ihren ersten großen gemeinsamen
Urlaub im »Ellenhaus«. Es ist später Nachmittag. Mami trinkt
Cappuccino, und wir drei sitzen im Patio bei wunderschönem Wetter.
Plötzlich kommt Freya zu mir, zeigt mir die Wäscheklammern, mit
denen sie so gerne spielt, und sagt: »... Mami: Kleinkind!« Überrascht schaue ich zu Petra, die spontan fragt: »... und was ist Papi?«
– Freya antwortet ohne nachzudenken: »... Papi: Großkind!« »...
und was bist du, Freya?«, fragt Mami. Freya antwortet ganz tro-
cken: »... Normal!«*

(Aus: »Blaues Buch«, Eintragung Papi)

An manch einem Ferientag scheint die mallorquinische Sonne so unbeschreiblich heiß, dass wir erst nachmittags zum Strand fahren. Bis dahin gehen wir im Schatten der Stadt spazieren oder spielen im Patio des Hauses. Von der Dachterrasse blicken wir auf die Dächer der umliegenden Häuser. Und weit oben, auf einer Hügelspitze, sehen wir die über dem Ort thronende mächtige Festungsanlage von Artá, Santuari de Sant Salvador, mit ihrer imposanten Wehrkirche Transfiguració del Senyor, deren tiefen Glockenklang wir zu mancher Stunde hören. Wir empfinden das Läuten der Kirchenglocken eher unbewusst oder mechanisch, aber unsere Tochter *erinnert* der Glockenklang offensichtlich *in einer anderen Weise*. Auch im Patio macht Freya uns darauf aufmerksam. Noch bevor Thomas oder ich die Glockenschläge auch nur ansatzweise wahrnehmen, unterbricht Freya bereits ihr Spiel mit den Wäscheklammern und ruft: »*Lauen (schauen), Kirche ist! Glocken bimbam-bum machen! Lauen (wo) liebe Gott wohnt. Liebe Gott nicht traurig ist. Liebe Gott fröhlich ist, liebe Gott lachen!*« Worte, die wir niemals vergessen werden, weil sie so oft und inständig von unserem Kind gesprochen wurden.

Eines frühen Abends besuchen wir die stolze Wehrkirche. Wir haben Glück, die Kirchentore sind geöffnet. Leider gibt es immer wieder Kirchen, die selbst tagsüber verschlossen sind. Vielleicht um die Schätze zu behüten? Aber sicher verspüren viele Menschen den spontanen Wunsch, in ein Gotteshaus zu gehen, und stehen dann vor verriegelten Pforten. Ob der liebe Gott verschlossene Türen gerne sieht, wo er doch Herzen öffnet?

Wir betreten das Kirchenschiff. Welch prachtvoller Anblick! Sofort wird Freya leise und sehr, sehr aufmerksam, nahezu feierlich andächtig. Mit ihrer kleinen Hand deutet sie, wohin sie getragen werden möchte, betrachtet genauestens die Altäre und Bildnisse und scheint erneut in besonderer Weise fasziniert. Wir lassen uns und unserem Töchterchen Zeit. Erst als sich die Bankreihen mit Menschen füllen, verlassen wir die Kirche. Wir sind unsicher, wie Freya innerhalb einer Messe reagieren würde. Es erscheint sinnvoller, ein andermal wiederzukommen.

Freya versteht nicht, warum wir wieder gehen, und weint vor dem mächtigen Portal herzzerreißend. *»Nein! Nein! Bitte, Bitte! Lauen, Kirche ist! Bitte, Bitte, Freya lauen, (wo) liebe Gott ist!«* Wir sind es nicht gewohnt, dass unser Kind weint. Und nun ist es so tief traurig, weil wir die Kirche verlassen haben, dass es uns ganz eigenartig rührt und Thomas ihm verspricht: »Nicht weinen, Freya! Ja, wir gehen noch einmal ganz kurz hinein in die Kirche. Dann darfst du noch ein klein wenig schauen. Aber danach müssen wir gehen, und du darfst nicht mehr traurig sein. Wir wollen doch noch Maria, Mariello und ihre Hunde besuchen!« Der Besuch der Freunde, und selbst der Hunde, scheint Freya nebensächlich. Sie lacht Thomas dankbar an und ist glücklich, dass sie nochmals ins Kircheninnere darf. Zum Abschied wirft sie der Kirche eine Kusshand zu und ruft winkend: *»Ciao, ciao, lieber Gott!«*

Wieder einmal, einmal mehr bleiben Thomas und ich von dem Verhalten unserer Tochter sonderbar berührt. Ihre Worte über den lieben Gott sind uns stets zu Herzen gegangen, nicht ahnend, dass sie uns hierdurch auf ihren physischen Tod und auf ihre Reise in das ewige Leben, in Gottes Licht vorbereitet hat. Heute wage ich zu sagen, dass unser Töchterchen vom Leben in dieser Welt und der jenseitigen Welt mehr wusste, als wir jemals erahnen können. Der Name des spanischen Städtchens Artá sei – so habe ich gelesen – von dem arabischen Wort »jertan« (*Garten*) abgeleitet. Ja, wahrhaftig, in meinem Herzen blühen die Erinnerungen wie Blumen im paradiesischen Garten Eden. Aber es sind nicht nur die glücklichen Erinnerungen, es ist auch die entschlüsselnde, hoffnungsvolle Botschaft, die unser Kind uns in diesen Ferien geschenkt hat: die Versicherung der *höheren Ordnung* und der *ewigen, unvergänglichen Liebe*. Ein Nachlass, der uns tragen helfen wird, den Kummer und Schmerz, die schlimmen Qualen und das Herzeleid, unsere ganze unbeschreibliche Not auf empfindsame Weise in enträtselnde Antworten zu wandeln.

WIR LIEBEN UNSER KIND und unser Kind liebt seine Eltern. Und wie wohl die meisten kleinen oder großen Mädchen, liebt unsere Tochter auch Pferde über alles. Ob in den Bilderbüchern, weidend auf den Pferdekoppeln oder auf der kleinen Wiese auf dem Klinikgelände, die Ponys finden neben den großäugigen Kühen auf Onkel Anderls Bauernhof Freyas allergrößte Bewunderung. Aber auch beim Betrachten der Pinguine in ihren Bilderbüchern gerät sie noch immer in Verzückung und ahmt weiterhin das Watscheln dieser lustigen Gefährten nach. Beinahe hätte ich die Giraffen vergessen, deren riesig lange Hälse nicht weniger spannend auf unser Mädchen wirken.

5. AUGUST 2000

Wir drei fahren am Nachmittag nach München, in den Englischen Garten. Plötzlich tönt Freya vom Kindersitz: »Oh, Giraffe!« Petra fragt: »Wo?«, worauf Freya auf einen weit entfernten Baukran zeigt. Das passiert öfters! HA!

(AUS: »BLAUES BUCH«, EINTRAGUNG PAPI)

Nach einem Grund, um den großzügig angelegten Münchner Tierpark Hellabrunn zu besuchen, müssen wir also nicht lange suchen. An einem Sonntag, an dem Sonnenschein und Nieselregen einander abwechseln, fahren wir kurz entschlossen zum Tierpark. War ich damals auch ein wenig empört, so muss ich heute zugeben, wie recht doch der Arzt hatte, als er meinte: »Durch ein Kind werden Sie wieder jung!« Immer wieder merke ich, dass mein Leben durch unser Kind nicht nur einen besonderen Zauber erfährt, sondern dass es mich gleichzeitig in meine eigene Kindheit und kindliche Poesie zurückversetzt, und wie ich alle Entdeckungen, Erlebnisse und Gefühle unserer Tochter in einer kindlichen Faszination nochmals mit ihr gemeinsam durchleben darf.

Auch jetzt lassen wir uns von den vielen Eindrücken in geradezu kindlicher Weise mitreißen und sind begeistert von dem durchdachten zoologischen Konzept, in dem die Tiere in besonders großzügigen Gehegen und Freigehegen ein artgerechtes Zuhause gefunden haben, auch wenn es uns sympathischer wäre, die Tiere in ihrer ursprünglichen Heimat, in freier Wildbahn zu wissen. Wir wählen verschiedene Tiergehege aus. Im Polarium kann Freya nun die lustigen Königspinguine beim Schwimmen, Schmusen oder Watscheln bewundern und ihre Originallaute hören. Auch den großen Appetit und die lustigen, klatschenden Gebärden der Robben und Seelöwen bei ihrem Fischfang beobachtet sie voller Eifer, hoch oben auf meinen Schultern sitzend, von wo aus sie alles besser sehen kann. Aber das beeindruckendste Erlebnis an diesem Tag ist für sie der abschließende Besuch im Kindertierpark.

Endlich! Pferdchen! Niedliche Shetlandponys und gemütliche Haflinger. Und die Möglichkeit für unser Mädchen, endlich einmal auf einem Pony reiten zu dürfen, tut sich auf. Auf dem Rücken eines friedfertigen kleinen Haflingers, von Thomas fest am Zaumzeug geführt, darf sie ein, zwei Runden das echte Reitergefühl erfahren. Und ich bin beruhigt, als ich die Gummimatten ringsum im Sand entdecke. Welch eine Wonne, welch ein unvergessliches Erlebnis für unser Kind! Dieses große Abenteuer bleibt ihr so eindrucksvoll in Erinnerung, dass sie ab sofort täglich hüpfend und springend über die Terrasse galoppiert (oder auf unseren Schultern thront und wir mit ihr über die Terrasse traben) und sie dazu »*Hopp, hopp, hopp! Pferdchen – Galopp!*« ausruft, weshalb wir beschließen, am übernächsten Wochenende das Rossererfest zu besuchen, eine Reit- und Fahrveranstaltung, bei dem eine Klinikkollegin Mitorganisatorin ist und auch noch persönlich Quadrille fährt.

Einmal mehr ist Freya von den Pferden und Wagen begeistert. Und Thomas sagt amüsiert: »Ich sehe schon vor meinem geistigen Auge das Pony, das ich kaufe, und wie es auch den allerletzten Grashalm in unserem Garten verspeist, und Freya mich tröstet, dass ein ›Englischer Garten‹ nicht das Wichtigste auf dieser Welt ist.« Lächelnd betrachte ich unser Kind und meinen Mann. Wie verliebt ist er in unser Töchterchen, die ihn neuerdings »*Papili!*« nennt. Er ist dem Charme unseres kleinen Mädchens vollkommen erlegen, schmilzt zusehends dahin, wenn unsere Tochter, die nun zu sich selbst »*Freya-Maus!*« sagt, ihn so putzig umsäuselt, was unser beider Herzen sehr rührt.

18. August 2000

Freya kommt alleine die Treppe heraufgekrabbelt. Verbotenerweise! Mit schlechtem Gewissen säuselt sie: »Hallo, Freya-Maus!«

(Aus: »Blaues Buch«, Eintragung Papi)

Der Flügelschlag

VORERST STEHT KEIN GRAS fressendes Pony in unserem Garten, dafür aber taucht seit wenigen Tagen immer wieder ein kleines weißbraun geschecktes Kätzchen auf, das munter um uns herumspringt und Freyas Herz vor Freude höherhüpfen lässt. Wem das kleine Kätzchen gehört, wissen wir nicht, aber wir geben dem wenige Wochen alten Knäuel nur zu gern gewässerte Milch zu trinken, und Freya beobachtet die kleine *»Miau-Miau-Katze!«* sehr genau beim Naschen und ist glücklich, wenn sie sich von ihr streicheln lässt. Irgendwann läuft das Kätzchen eine Gartentür weiter, zum nächsten Nachbarn, um sich dort verwöhnen zu lassen.

18. AUGUST 2000

Wir gingen heute über den Bauhof, Feuerwehr und Polizei zum Supermarkt einkaufen. Zu Hause durfte Freya mit dem Boby-Car fahren. Außerdem half sie mir, die Blätter von den Rosen zusammenzutragen. Danach schaute sie ganz gespannt der Katze zu, wie sie sich putzte. Gesungen haben wir »Leise, leise, wie die Katzen schleichen«.

(AUS: »SCHWARZES BUCH«, TAGEBUCHEINTRAGUNG VON BIRGIT)

Der August ist in diesem Jahr ein wirklich freundlicher Sommermonat, und unsere Tochter liebt es, in ihrem Sandkasten oder im Planschbecken zu spielen. Es ist ein traumhafter, aber brütend heißer Sonntag, zu heiß für einen Familienausflug. Wir beschließen, den Nachmittag im Garten zu verbringen. Thomas hat die Sonnenliegen in die Nähe des Planschbeckens gerückt, und so sind wir alle beieinander. Freya spielt mit ihrer Entenfamilie, und Thomas und ich unterhalten uns, gemütlich im Halbschatten der Akazie liegend. Ich mag das helle Grün der Akazie und finde es schön, die im Wind tanzenden feinen Blätter zu beobachten. Wie klein war der Baum noch vor drei Jahren, als meine Schwester uns mit ihrer Familie besucht hat. Damals war mein Patensohn Maximilian ein sechs Monate altes Baby, und ich habe noch das schöne Bild vor Augen, wie er fröhlich auf seiner Decke im nur leichten Schatten der Akazie strampelt. *Und in diesem Moment rufen die Weber mir zu: »Sprich! Sprich aus, was du denkst!«* »Die Akazie ist unglaublich gewachsen, ihr Schattenwurf wird immer größer«, höre ich mich heute noch zu Thomas sprechen, »sollten wir vielleicht einige Zweige stutzen? Was meinst du?« Thomas blickt hinauf zu dem Baum. »Ja, warum nicht. Wenn ich in den nächsten Tagen den Rasen mähe, werde ich schauen, welche Zweige ich zurückschneiden kann.«

Es war nur einer dieser kurzen Gedankengänge, die einem manchmal in den Kopf kommen, einfach nur laut gedacht oder laut dahergeplappert. Damit will ich sagen, dass es mir nicht wirklich wichtig erschien, dass die Äste zurückgeschnitten werden, und trotzdem habe ich es erwähnt. Wie essenziell dieser Satz sein würde, sollte ich jedoch sehr bald erfahren. Plötzlich ist das verspielte Kätzchen wieder da und wird freudig von unserem Kind entdeckt. Freya klettert aus dem Planschbecken und läuft auf das Kätzchen zu. *»Hallo, Miau-Miau-Katze, baden mit Freya? Spielen, ja?!«*, versucht sie das Kätzchen zu locken. »Freya, Katzen baden nicht gerne, weil sie nicht wie die Fische oder die Enten schwimmen können.« *»Katze Durst hat. Milch haben, ja?!«*, ist nun die Alternative für unsere Tochter. Und so geben wir dem kleinen Ding zu trinken, und wieder einmal schaut Freya fasziniert zu. Mein Blick ruht auf unserem Töchterchen, ihren kurzen sportiven Babyspeckbeinen in dem zartgelben Badehöschen, dem nackten kleinen Oberkörper, ihrem strahlenden Gesicht mit dem entzückenden Grübchen, vor der Sonne geschützt durch eine Schirmmütze, unter der zwei vorwitzige Locken hervorspringen. Und wie so oft überkommt mich dieses tiefe Gefühl unbändiger Liebe, sodass ich sie pausenlos an mich drücken und küssen möchte. Und auch Freya lässt mich ihre Liebe spüren, in spontanen Umarmungen und Küssen, sanftem Liebkosen oder durch einen einzigen Blick.

Das schöne Wochenende ist vorbei, und eine arbeitsintensive Woche liegt vor mir. Einige Probleme der Klinik konnten gelöst werden, sodass sich die Situation ein wenig entschärft hat. Mein Terminkalender zeigt mir, dass ich es – bis auf den Mittwoch – jeden Tag einrichten kann, zeitig nach Hause zu fahren. Trotzdem ist es schön, Thomas bei unserem Töchterchen und dem Kindermädchen zu wissen, auch wenn er die überwiegende Zeit in seinem Arbeitszimmer zubringt. Aber ich weiß, dass er öfters nach den beiden schaut. Wenn ich von der Arbeit heimkehre, erzählt Birgit von ihrem Tag mit Freya. Später lese ich dann Birgits Eintragungen im Schwarzen Buch nach. So kann ich mich mit Freya über ihre Tageserlebnisse unterhalten, auch wenn ich nicht dabei sein durfte.

MONTAG, 21. AUGUST 2000

Wir gingen zum Spielplatz. Leider waren auf allen beiden Spielplätzen keine Kinder. Freya meinte: »Oh, schade, keine Kinder!« Im Herdergarten durfte sie rumlaufen. Wir spielten Fangen. [...] Auf dem Nachhauseweg sahen wir noch einen Notarztwagen und eine Eisenbahn. [...]

(AUS: »SCHWARZES BUCH«, TAGEBUCHEINTRAGUNG VON BIRGIT)

Freya und Birgit haben die Eisenbahn und den Notarztwagen beobachtet. Das erscheint im ersten Moment nicht außergewöhnlich. Wenn ich aber nun schweren Herzens die verschiedenen Tagebucheintragungen nachlese, stelle ich fest, dass das unabwendbare, furchtbare Ereignis seine dunklen Schatten vorausgeworfen hat. Nur vierzehn Tage zuvor schreibt Birgit: »*Freya und ich waren heute mit dem Kinderwagen im Supermarkt einkaufen. Auf unserem Weg sahen wir die Eisenbahn. Am Bahnhof sind wir stehen geblieben und haben uns die Eisenbahnen angeschaut. Freya hat gleich alle gezählt. [...]*«

Unsere Tochter mag die Eisenbahn, die hinter dem Garten unseres Hauses entlangfährt. Aber sie hat auch den nötigen Respekt vor Zügen und läuft stets zu uns, wenn ein Zug vorbeifährt, wenngleich der Gartenzaun, ein Spazierweg und die Böschung den Garten von dem Gleis trennen. Und unser Kind mag das kleine Kätzchen, das vor einer Woche bei uns aufgetaucht ist und das es heute zusammen mit dem Nachbarjungen Lukas füttert. Lukas ist ein gutes Jahr älter als Freya und hat in unserer Tochter eine begeisterte Verehrerin, denn er kann im Stehen Pipi machen, was eine unglaublich tolle Sache für ein kleines Mädchen ist. Und er lässt sie großzügig auf seinem Dreirad sitzen. Selbst wenn ihre Füßchen nicht bis zu den Pedalen reichen, so findet unser Töchterchen das wunderbar und himmelt Lukas dankbar an. Davon erzählt mir Freya aufgeregt an diesem Abend, und Thomas berichtet, dass er kurz vor meiner Rückkehr einige Bilder von Freya mit dem Kätzchen gemacht hat ...

Am nächsten Abend schreibe ich eine weitere Geschichte in unser Blaues Buch. Wie stolz und unbedarft habe ich diese Zeilen festgehalten, nicht ahnend, dass es die letzte Erzählung sein sollte ...

Mami ist im Bad und hört Freya und Papi zu, die sich gemeinsam im Elternschlafzimmer aufhalten. Das wird Freya offensichtlich zu langweilig, und Freya bittet Papi: »Papili, bitte, ICH möchte Eisbär haben, ja!?« Der Eisbär ist ein großer weißer Stoffbär, der in ihrem Zimmer im Regal steht. Prima, Freya-Maus!

Mit diesen Zeilen endet die letzte Erzählung in unserem kleinen Blauen Buch. Mit dem Tag, an dem Freya das ICH entdeckt hat, enden alle entzückenden Geschichten. In dem Bruchteil eines Augenblicks läuft unser Kind aus dem Garten und folgt dem kleinen Kätzchen auf das Bahngleis, wo es von der Eisenbahn erfasst und sofort getötet wird. Am 23. August stirbt Freya, unser geliebtes Kind, unser Mäuslein, *»Freya-Maus«*, endet ihre kurze Geschichte in dieser Welt. Das Buch ist geschlossen – nicht eine weitere Erzählung über unser kleines Mädchen wird folgen dürfen. Unser Baby ist tot ...

DIE NACHRICHT VOM TOD unseres Kindes erreicht mich in der Klinik. Ich werde nach Hause gefahren, heim zu unserem Töchterchen und zu Thomas, der in der furchtbarsten Stunde seines Lebens allein war und voller Verzweiflung auf mich wartet. Eine gewaltige, lähmende Resignation legt sich über mich, die in eine blutlose Leere mündet, wenngleich meine Ratio entsetzlicherweise zu funktionieren scheint und die Gedanken glasklar kommen und gehen. Der Weg ist vorgezeichnet, und es gibt nicht die geringste Chance für ein Entrinnen. Der Beginn eines Albtraums, aus dem es kein Erwachen mehr geben wird?

Die Heimfahrt nehme ich wie in Trance wahr, die Fahrt erscheint endlos. Ich kann kaum atmen und habe dennoch das Bedürfnis, von unserem Kind zu sprechen. Es drängt mich sehnsuchtsvoll, unser kleines Mädchen zu sehen, es in meine Arme zu schließen. Nicht eine Sekunde lang hege ich Zweifel, dass alles möglicherweise doch ganz anders sein könnte, dass Freya vielleicht noch lebt? Ich weiß, unser Kind ist tot. Und doch erscheint es so unwirklich ... Und da flüstert es leise in mir: *»Hast du es nicht erahnt? Hast du nicht lange, lange zuvor erahnt, dass euer kleines Glück nicht von ewiger Dauer ist?!«* Mir ist kalt. Meine Traurigkeit friert zu Eis ...

Endlich bin ich zu Hause. Rettungswagen und Notfalleinsatzfahrzeuge parken vor dem Haus. Ein schauerlicher Anblick, der mir große Angst verursacht, wenngleich ich das Ergebnis längst kenne, bereits weiß, dass unser Kind getötet worden ist. An der Haustür werde ich von Ellen empfangen. Nachdem Thomas mich nach mehrfachen Versuchen in der Klinik nicht erreichen konnte, welche Qualen müssen das zusätzlich für ihn gewesen sein, hat er sie angerufen. Er sitzt in einer Ecke des Wohnzimmers, aufgelöst, zitternd, verzweifelt, elendig in sich zusammengesunken, und ich knie vor ihm, lege meinen Kopf in seinen Schoß und umfasse seine Hände. Immer wieder ruft er mit tränenerstickter Stimme: »Freya, unser Liebling, unser Baby ist tot! Es ist meine Schuld! Mein Gott, ich habe nicht aufgepasst! Mäuslein, oh, Mäuslein! Papili hat nicht aufgepasst! Nichts bringt dich zurück ins Leben! Es tut mir so leid! Es tut so weh! Freya ... unser Kind ... unser Leben ...!«

Er will sich mir erklären, erzählen, was geschehen ist, aber ich will es nicht hören, es wird nichts verändern – und doch höre ich in jedem Wort die Not. »Freya! Mäuslein! Du warst doch bei mir! Ich habe dich doch hinter mir gespürt! Ganz deutlich habe ich dich wahrgenommen, als ich die Akazie betrachtet habe, um zu schauen, welche Zweige ich zurückschneiden kann! Und plötzlich ...! Und schon war die Eisenbahn da ... Oh, Mäuslein! Komm, komm zurück zu Papi und Mami!« Wie unbeschreiblich traurig bin ich in diesem Moment. Und dennoch ist da das seltsame Empfinden, als ruhte ich in mir selbst, und die innere Stimme, alles Weitere geschehen zu lassen. Da ist eine Kraft und eine Gewissheit. Ja, in all der unendlichen Traurigkeit bin ich sicher, *Freya musste gehen*. Aus welchen Gründen auch immer, ihre Zeit an unserer Seite war begrenzt. Und ich versuche Thomas, trotz meiner eigenen Hilflosigkeit, zu halten und ihn irgendwie, nur ein klein wenig zu trösten, wenngleich ich selbst so unsagbar traurig bin und weiß, dass keine Worte der Welt trösten können, denn es gibt keinen wirklichen Trost, niemals.

»Mein Liebling, Freya hat gehen müssen ... ich weiß es ... es war ihre Zeit ... und da waren Zeichen ... Wenn nicht heute, so wäre sie an einem anderen Tag, in einer anderen Weise gegangen ... Du darfst dich nicht quälen! Du hast keine Schuld! Niemand hat Schuld ...«, höre ich mich nicht nur zu Thomas, sondern auch zu mir selbst sagen. Worte, die mir in den Mund gelegt wurden? Welche Helfer waren da an meiner Seite? Wo-

her sollte ich wissen, dass unser Kind mir diese Kraft sandte …
Aber die große Not, die angsterfüllte Hilflosigkeit von Thomas, die Bilder, die er gesehen hat, zerbrechen mein gebrochenes Herz ein weiteres Mal.

Ich schaue in die verweinten Augen von Ellen, die sich neben Thomas gesetzt hat und seine Hand hält. Ich bin dankbar, dass sie da ist. Erst als ich aufstehe, nehme ich die Mitarbeiter des Kriseninterventionsteams richtig wahr, die sich bei Thomas eingefunden haben, unter anderem ein Notarzt und unser lieber Pfarrer. Ich frage: »Wo ist Freya?« Sie deuten mir, dass Freyas lebloser Körper noch im Garten liegt, aber ich dürfe nicht zu ihr. Langsam gehe ich zur Terrassentür. Ich schiebe die Vorhänge zur Seite, die aus Schutz vor neugierigen Blicken zugezogen wurden. Alle Vorhänge ziehe ich wieder auf. Ich brauche Licht, Luft, will atmen können, und kann es dennoch nicht. Ich schaue hinaus in den Garten. Da sehe ich ein kleines Bündel auf dem Rasen, seitlich unter dem großen Busch, unmittelbar hinter den Rosen. Das kleine Bündel ist Freya. Man hat unser entzückendes Mädchen in eine hässliche graue Notfalldecke eingewickelt. Aber ich darf nicht ungerecht sein, schließlich gibt es keine hübschen Notfalldecken. Eine junge Polizistin, die verschreckt und traurig zu mir herüberschaut, bewacht Freyas Leichnam.

Ich blicke über unser Töchterchen hinweg auf die vielen Menschen in Richtung Bahngleis. Polizisten, Kriminalbeamte, Feuerwehr – Hundertschaften, die etwas zu suchen scheinen. Ich bin ruhig, sehr ruhig. Und auf meine ruhige Frage: »Was suchen die vielen Menschen dort oben?«, erhalte ich die verhaltene Antwort: »Sie suchen das Köpfchen Ihrer Tochter …« Diese Antwort habe ich nicht erwartet, aber ich denke: »Ja. Sicher. Natürlich.«

Mag jemand glauben, dass ich die Mami des toten Mädchens bin? Müsste die Mutter nicht spätestens jetzt hysterische

Anfälle haben, krampfen und eingewiesen werden? Aber ich werde, im Gegenteil, noch ruhiger. So ruhig, dass ich das Gefühl empfinde, als gäbe es mich gar nicht mehr, nicht als Mutter, nicht als Mensch, nicht als irgendein unbedeutendes Wesen in diesem ganzen Geschehen. Die Zweige meiner geretteten Tanne, und selbst die kurzen Grashalme des frisch gemähten Rasens, verwirbeln sich, als Hubschrauber sehr tief über das Grundstück fliegen. Ich ahne, dass sie mit einer Wärmebildkamera nach Freyas Lockenköpfchen suchen. Wenn ich nicht wüsste, was geschehen ist, wenn da nicht die ohnmächtigen Schmerzen in mir wären, ich würde glauben, direkt vor unseren Augen sei der Krieg ausgebrochen.

Ich möchte zu meinem Kind und weiß, ich darf nicht. Somit gehe ich hoch in das Kinderzimmer, das nach Freya duftet, und hole Lämmchen aus ihrem Himmelbett. Ich nehme es in meine Arme, liebkose es und lehne mich an Thomas. Kann ich nicht irgendetwas tun? Nein, es gibt nichts, was ich tun kann. Also koche ich Kaffee und biete ihn höflich an. Verständlicherweise möchte niemand Kaffee, auch ich nicht. Sehnsuchtsvoll schaue ich nach draußen. Ich wünsche mir so sehr, die vielen Menschen wären verschwunden und ich wäre mit meinem Kind allein. Wie sehr sehne ich mich danach, mein kleines Mädchen in meine Arme zu nehmen ... ich möchte es wiegen ... an mein Herz drücken ...

Die Polizistin scheint meine Gedanken mitleidsvoll zu erraten. Sie führt mich hinaus. Und endlich knie ich neben dem kleinen Bündel im Gras ... Aber ich traue mich nicht, unser Töchterchen in meine Arme zu nehmen. Ich habe Angst, es könnten ihm weitere Gliedmaßen fehlen. Ich schließe meine Augen und streichle ganz zärtlich seinen kleinen leblosen Körper und bin so dankbar und froh, dass ich wenigstens seine Wärme, und Gott sei Dank auch seine Ärmchen und Beinchen durch die Decke spüren kann. Endlich fließen die Tränen, und ich lasse ihnen ihren Lauf. »Mein Mäuslein, mein Baby ... Mami war nicht bei dir ... aber jetzt, jetzt ist Mami da ... Mami ist da ...« Ganz zärtlich streichle ich den kleinen Körper, und das ist gut ... Ich sehe die Betroffenheit in den Gesichtern der Einsatzkräfte, die an dem Bahngleis ein Gebet für unser Kind gesprochen haben. Währenddessen sprang ein kleines Kätzchen auf dem Gleis herum ...

Es läutet an der Haustür und ich öffne. »Wo ist der Leichnam?«, lautet die barsche Beileidsbekundung, die mir die beiden dunkel gekleideten Personen zuwerfen. Ich deute wortlos auf die andere Seite des Hauses, und sie marschieren durch das Wohnzimmer hinaus in den Garten. Sie stellen sich nicht vor, aber zweifelsfrei sind es Mitarbeiter eines Bestattungsunternehmens. Das Köpfchen scheint gefunden zu sein, und sie nehmen unser Kind mit, wortlos und ohne Abschiedsgruß. Da Thomas und ich im Haus sind, bekommen wir es auch gar nicht mit. Erst als wir allein zurückbleiben, wird uns klar, dass niemand uns gesagt hat, wohin sie unser Töchterchen bringen. Und jetzt ist unser kleines Mädchen irgendwo, ganz allein in der dunklen Nacht, ohne Mami und Papi. Ein furchtbares Gefühl, das wir erst am nächsten Tag auflösen können, nachdem wir mehrere verzweifelte Telefonate geführt haben.

Sehr spät am Abend führe ich das schlimmste Telefongespräch meines Lebens, das ich mit jeder Faser meines gebrochenen Herzens aussparen möchte. Aber ich muss meine Eltern anrufen und ihnen mitteilen, dass ihre kleine Enkelin von der Eisenbahn getötet wurde, und habe Angst, dass meine Mutter Freyas Tod nicht verwindet. Über das Haus und unsere gelähmten Körper legt sich eine eiskalte Stille und befremdende Leere. Erschüttert nehmen wir den ersten Zug wahr, der sich beinahe ehrerbietend langsam an unserem Garten vorüberquält und uns wissen lässt, dass das Leben um uns herum seinen fortwährenden Lauf nimmt.

Wir sitzen beieinander und halten uns an den Händen. Und immer wieder unsere laut gedachten Fragen: »Freya!? Wo bist du? Bist du im Himmel? Bist du beim lieben Gott und seinen Engeln? Mäuslein ... Mäuslein, geht es dir gut?!« Das Martyrium, die Schmerzen, das Herzeleid klammern sich an den Gedanken, dass Freya im Himmel eingetroffen ist und dass Opi Klaus sich jetzt vielleicht an ihrer Seite befindet ... dass unser kleines Mädchen nicht allein ist? Aber, oh Gott, wie sollen wir das wissen?! Wir warten. Was sollen wir auch sonst tun? Unser restliches Leben werden wir ab heute mit Warten zubringen. Warten, dass die Zeit verstreicht, in der Gewissheit, dass jede Sekunde, die vergeht, uns unserem Kind näher bringt. Heute ist der erste Tag vom Rest unseres Lebens.

Gegen drei Uhr nachts gehen wir zu Bett. Irgendwann schläft Thomas erschöpft ein. Noch immer halte ich Lämmchen fest umklammert. Die Nacht ist fremd, es ist still, totenstill. Diese kalte Grabesstille, ein grausamer Feind, ein Frieden ohne Widerruf. Die unerträgliche Lautlosigkeit raubt mir den Schlaf, der mich in süße Träume wiegen soll, in denen unser Kind lebt. Ich bin allein mit meinem Schmerz und meinen angsterfüllten Qualen, allein mit meiner Liebe, die nicht weiß wohin, mit meiner zerreißenden Sehnsucht nach unserem kleinen Mädchen. Es presst mir die Rippenbögen zusammen, und ich höre mein eigenes stockendes Atmen. Nur nicht denken, nicht wachen Auges rückwärts- noch vorwärtsträumen, aber die Gedanken lassen sich nicht abwehren.

Es ist nicht wirklich dunkel im Schlafzimmer, und ich habe den Eindruck, es wird bereits langsam wieder Tag. Was für ein Tag, ohne unser Mädchen? Neben mir steht das Babyfon. Niemals mehr werde ich die entzückende Stimme unseres Kindes hören, in wenigen Stunden werde ich ohne seine Musik erwachen. Ich werde darauf warten, und nichts wird geschehen. Freyas helles Lachen wird nie mehr erklingen. Niemals mehr werden wir sie die süßen Worte »*Mami!*« und »*Papili!*« sprechen hören, nie mehr von ihr umarmt und geküsst sein, nie mehr in ihre strahlenden Augen schauen dürfen. Ich liege auf dem Rücken und streichle die Rosen auf der Bettdecke, wie Freya es stets tat ... Wie hat sie es geliebt, im Elternschlafzimmer herumzutollen und eifrig mitzuhelfen, die Betten zu richten, wie es »*Frau Holle im Himmel macht*«. Mein Blick fällt auf die Schattenumrisse des Flügels. Ach, wie gern hat sie darauf herumgeklimpert und gemeinsam mit Papi gesungen und sich heimlich den einen oder anderen Bildband erschlichen, um darin begeistert zu blättern.

Der Mond scheint gedämpft ins Zimmer ... »*Manchmal hat der Mond zwei Gesichter – eines sieht man gut, weil es lacht. Das andere ist traurig, das verdeckt er ...*« »Wie sollen wir ohne unser Kind weiterleben?«, flüstere ich ihm zu. »Oh Gott, wie sollen wir das aushalten?« Die Tränen suchen sich ihren Weg wie fallende Sterne und stehen gleich Sternenstaub auf meiner Brust. Ich wische sie beiseite, als würde dadurch alles wieder gut, aber der See ist noch nicht gefüllt. Ich kann mein Leben nicht mehr für das Leben unseres Kindes hingeben – zu spät! Hilflos liege ich da und warte, bange und hoffe und bete: »Lieber Gott, bitte lass ein Wunder geschehen!« Aber mein Verstand weiß, dass es dieses Wunder nicht geben wird. Das Wunder hat bereits in mir und an unserer Seite gelebt, nur 20 Monate lang ...

In das laute Wallen meines Blutes mischt sich urplötzlich vom offenen Dachgiebel ein hohl klingender Laut. »Was ist das?«, frage ich mich ängstlich. Es vergehen einige Sekunden, bis ich es erneut höre. »Spielen Marder auf dem Dach?« Nein, das Geräusch ist anders. Ich höre genauer hin. Zweifelsfrei ist da ein Pochen und Klopfen, und es wird lauter ... Jetzt ist es fort ... Aber ich spüre, da ist etwas in unserem Schlafzimmer ... Nun folgt ein feines Geraschel, zart und leicht. Ich versuche, meine

Ohren für die Laute zu sensibilisieren. Das Rascheln ist sehr leise, geradewegs so, als würde unser Töchterchen über den Teppich laufen, zwischen dem Flügel und dem Lehnstuhl, hin und her und her und hin ... »Das kann nicht sein«, beruhige ich mich, »meine Fantasie suggeriert mir diese Empfindungen. Unser Kind ist tot!« ... und doch fühle ich eine Gegenwart. Ich höre keine Stimme, aber ich spüre die Bewegung. Und dann fühle ich es ganz deutlich ... unser kleines Mädchen ist da. Und es ist mir, als sehe ich Freyas Schatten spielend im Zimmer ... und nun kann ich sie auch riechen. Das Schlafzimmer ist erfüllt von ihrem wohlriechenden Babyduft.

Ich schaue auf Thomas, der in sich zusammengerollt neben mir liegt, als wollten böse Krämpfe seinen Körper nicht loslassen. Ich muss ihn wecken, damit er bestätigt, was meine Sinne bezeugen und mein Kopf nicht zu glauben wagt. Aber eine innere Stimme sagt mir, dass ich ihn nicht aufwecken darf. Ich wünsche mir so inständig, dass ihm der Schlaf die Farbe der schlimmen Bilder nimmt. Ich strecke meine Hände nach Freya aus: »Mein kleiner Liebling! Mami hat dich so lieb! Ich liebe dich, mein Stern, mein Leben! Komm, komm in Mamis Arme ...« Meine Sinne schwinden in einen kurzen schwarzen Schlaf.

»Ich zeige dir ein Wunderland,
Wo du mit mir auf Sonnenstrahlen schreitest.
Dann knüpf ich dir ein buntes Band,
Das schützen wird vor Traurigkeit und Tränen.
Wir bauen ein Boot
Aus nachtschwarzem Holz,
Und segeln dorthin,
Wo Meer und Sterne sich vereinen,
Zähmen den Wolf,
Besiegen die Angst!

Fliegen empor,
Wie es die Silbermöwen tun.
Bleib hier!
Bitte, bleib hier!
Bis zum Ende aller Zeit.
Dann ruhen wir gemeinsam aus,
Hand in Hand
Gehn wir zum Licht –
Verlass mich nicht!
Wir stehn doch erst am Anfang …
Hand in Hand …«

(»STERBEDUETT« AUS: QUASIMODO –
DER GLÖCKNER VON NOTRE DAME)

Mit dem ersten Sonnenstrahl weckt uns die Angst aus traumloser Nacht. Das Babyfon schweigt. Und sein Schweigen vereint sich mit unserem Schweigen und der Totenstille des Hauses. Ein fremder Morgen. Komm, wir schließen unsere Augen und schlafen noch ein wenig in den Rosen. Und wenn wir dann aus unserem Schlaf geweckt werden, dann hat es sich bei dem entsetzlichen Geschehen nur um einen bösen Traum gehandelt. Aber wir wissen, dass es so nicht ist, und die in die Nacht getragene quälende Frage »Wo ist Freya?« und der sehnsüchtige Wunsch, bei ihr zu sein, zwingen uns, uns für einen farblosen Tag herzurichten. Ich kann mich nicht erinnern, wie lange es dauert, bis wir das Bad stumm verlassen. Ich richte das Schlafzimmer und trage Lämmchen zurück in Freyas leeres Himmelbett, in dem sich mir keine Ärmchen freudig entgegenstrecken. Meine Augen haften an jedem Kuscheltier und jedem Stern.

Nach vielen Telefonaten erfahren wir endlich, wo unser Kind sich befindet. Inständig bitten wir darum, dass wir unser Töchterchen sehen dürfen, und warten sehnsuchtsvoll auf den erlösenden Rückruf des Bestattungsinstitutes, das nicht die leiseste Vorstellung unserer Not zu haben scheint. Der Beisetzungstermin ist auf den kommenden Montag festgelegt, und Marion unterrichtet mit zahlreichen Anrufen die Verwandten und Freunde. Es ist eine große Entlastung, dass sie da ist. Nur wenige Telefonanrufe nehmen Thomas und ich selbst vor. Die verschiedenen Beruhigungsmittel, die gut gemeint vorbeigebracht worden sind, werfe ich jedoch alle fort. Wir müssen mit unserem Schmerz leben, heute, morgen, übermorgen. Das sind wir auch unserem Kind schuldig. Ich hole Freyas Taufkleid, das sie getragen hat, als wir sie im vergangenen Jahr in die Christusgemeinschaft aufgenommen haben, und das Armband von Onkel Philipp, in das ihr Name und das Taufdatum eingraviert sind. Erinnerungen, schmerzvolle Erinnerungen. Und gleichzeitig bin ich unendlich erleichtert, dass unser Töchterchen getauft ist. Die Vorstellung, dass sich ihr das Himmelstor zum ewigen Leben öffnet und wir auf ewig miteinander verbunden bleiben, erscheint mir in diesem Moment wie ein beruhigendes Versprechen.

Aus Freyas Schmuckkästchen nehme ich auch die kleine silberne Schutzkette. Das zarte Amulett, auf dem die heilige Maria und das Englein abgebildet sind und das Tante Grete bei ihrem Besuch in dem französischen Wallfahrtsort Lourdes hatte segnen lassen, es soll unser Kind auf seine Reise begleiten. Es bedeutete für mich von jeher vertraute Gottesnähe. Augenscheinlich hat mich das Amulett als kleines Mädchen beschützt, denn auch ich lief einst, genau wie unser Kind, von zu Hause fort. Aber nur einmal hat Freya die Schutzkette getragen, bei der Taufe. »Ach, mein Mäuslein«, durchdringt es mich, »nur ein einziges Mal habe ich dir das Schutzkettchen angelegt. Ich habe es zurückgelegt, aus Angst, du könntest dich damit verletzen ... Hätte ich es dich doch jeden Tag tragen lassen, vielleicht hätte es dich vor diesem furchtbaren Tod bewahrt?« Und gleichzeitig weiß ich, dass dieser Gedanke Blödsinn ist, denn tief in mir fühle ich die weitaus größere Kraft der Vorsehung.

Marion bringt Freyas Habe zur Aussegnungshalle des Gemeindefriedhofs, damit ihr die wenigen Kleinigkeiten angelegt werden. Zitternd suche ich unser Familienstammbuch hervor, denn wir benötigen die offizielle Totenmeldung. »Oh Gott, Freya! Wir müssen dir ein Grab aussuchen ...« Der mitfühlende Standesbeamte lässt uns wissen, dass die Auswahl an Familiengräbern nicht groß ist. Benommen schauen wir auf die eingezeichneten Planquadrate des Lageplans, der vor unseren Augen verschwimmt. Wir fahren zum Friedhof und finden schließlich unser Grab, in unmittelbarer Nähe eines großen Holzkreuzes an der Aussegnungshalle. »Ja, hier soll unser kleines Mädchen ruhen, ganz nahe beim ›Jesus-Kind‹, beim ›lieben Gott‹!« Denn niemals zuvor haben wir einen Menschen so ehrlich von Gott sprechen hören, wie unser Kind es tat. Wenn Freya stets vertrauensvoll darauf bedacht war, zu schauen, wo der liebe Gott wohnt, dass der liebe Gott nicht traurig ist, dass er lacht und fröhlich ist, so wollen wir zuversichtlich sein, dass unser Mädchen, dort, wo es jetzt ist, im ewigen Licht, mit Gott lacht ...

Bis wir dann endlich, endlich zu unserem Kind dürfen, vergeht nochmals eine Nacht und ein ganzer Morgen. Im Garten schneide ich eine rosafarbene Rose für unser Töchterchen. Ich trage eine Sonnenbrille und verstecke mich dahinter – will den Blicken, den stummen und den fragenden, ausweichen. Will kein Mitleid und kein »Sie haben eben nicht aufgepasst!«. Bin erst einmal froh über jeden Nachbarn, der sich schnell in seinem Hauseingang versteckt. Nicht reden müssen über das Entsetzliche – allein sein mit mir und mit Thomas, mit unserem Schmerz und unseren Erinnerungen. Aber der Tod hat (zu Recht) seine Öffentlichkeit. Ein freundlicher Herr des Bestattungsinstitutes empfängt uns. Wir warten im Aussegnungsraum, in dessen Mitte sich ein langer Tisch befindet, der mit einem schwarzen Tuch bedeckt ist. Unsere Blicke fallen auf das zerrissene Tuch und die eingestaubten Kunstpflanzen, die den Tisch umsäumen. Eine große weiße Kerze ist entzündet. Ihre Flamme brennt ruhig und hell, und ihr leuchtender Schein lenkt uns von dem unschönen Anblick um uns herum ab. Der Bestattungsmitarbeiter betritt den Raum. Er trägt einen kleinen weißen Sarg zu dem Tisch und öffnet ihn. Thomas und ich halten uns ganz fest an den Händen. Durch leichtes Kopfnicken wird uns bedeutet, dass wir unser Kind jetzt sehen dürfen.

Mit bebenden Herzen neigen wir uns zu unserem Töchterchen, so nahe es irgend möglich ist, um es zu umschließen, stillen unser sehnsüchtiges Verlangen, unser Kind in den Armen zu halten, zu wiegen und zu liebkosen, bis in alle Ewigkeit ... »Freya, Mäuslein ... Schau, Mami und Papi sind bei dir. Wir lieben dich, Mäuslein. Mami und Papi haben dich so lieb. Ganz, ganz, ganz toll lieb haben wir dich ... Freya, unser Leben ... unser Baby ...« Friedlich schlafend scheint unser Mädchen, aber die Verletzungen sind unübersehbar. »Oh, mein kleiner Liebling, wie oft hat Mami für dich gesungen, wenn du dir einmal das Köpfchen irgendwo angestoßen hast, ›*Heile, heile, Gänschen, es wird bald wieder gut* ...‹, und wie gerne möchte Mami dieses Lied jetzt für dich singen, damit alles wieder heil und gut wird!« Jedoch, es wird nicht helfen – nichts wird jemals wieder gut werden – unser Baby ist tot für alle Zeit ..., und es zerreißt mich angesichts dieser unwiderruflichen Gewissheit.

Wir bedecken unser kleines Mädchen mit Küssen und streicheln sein kaltes Köpfchen, das unsere Tränen nicht zu wärmen vermögen, seine runden Bäckchen, die zarten, kleinen Händchen. Ganz vorsichtig entfernen wir noch einige Grashalme aus seinem friedlichen Gesicht, und ich lege ihm die Rose ans Herz – ein Siegel unserer immerwährenden Liebe. »Schau, Freya, Mami hat dir ein Röschen aus dem Garten mitgebracht ..., und hier ist auch Rudi Rudolph. Jetzt musst du nicht allein auf deine Reise gehen ...« Mit zitternden Händen holt Thomas zwei Fotografien hervor; ein fröhliches Ferienfoto von Freya und Thomas im Ellenhaus und eine Aufnahme von unserem Töchterchen auf meinen Schultern im Münchner Tierpark. Die Bilder sollen ihr auf ewig unsere Nähe zeigen und ruhen jetzt an ihrer Seite. »*Ruhe sanft, mein holdes Leben. Schlafe, bis dein Glück erwacht. Da, mein Bild. Mein Bild will ich dir geben. Schau, wie freundlich, wie freundlich es dir lacht ...*« (Wolfgang Amadeus Mozart)

Immer wieder streicheln und liebkosen wir unser Töchterchen, bis wir seinen kleinen Körper mit dem großen weißen Taufkissen sanft zudecken, als würden wir es allabendlich zu Bett bringen. Thomas stimmt unser Gute-Nacht-Lied an ... Wie unendlich wichtig diese Gesten für uns sind, begreifen wir erst viel später. In diesem Moment geben sie uns erst einmal ein kleines bisschen das tröstliche Gefühl, dass unser Kind nicht gar so allein in seinem Sarg liegt, dass es gut gebettet und nach wie vor von uns Eltern behütet ist. Es bedeutet lebendige Nähe zu unserem Kind.

Mit zarten Küssen und dem Versprechen, dass wir wiederkommen, verabschieden wir uns, und der Bestattungsmitarbeiter trägt unser kleines Mädchen zurück in den Leichenraum. Auf den ersten Blick hatten wir nicht gleich gesehen, dass unser Kind bereits in seinen Sarg gebettet ist. Als Thomas leise fragt: »An wen dürfen wir uns wenden, um einen Sarg für unsere Tochter auszusuchen?«, erhält er die unbeholfene Antwort: »Ihre Tochter liegt bereits in ihrem Sarg. In dieser Größe gibt es nur das eine Modell!« Wie dumm von uns, zu fragen. Aber dafür hält man uns jetzt die Sandalen hin, in denen Freya gestorben ist. »Möchten Sie die Schuhe haben?« Wir schauen auf die Sandalen und erstarren. »Nein, herzlichen Dank ...« Aber wir haben einen Wunsch. »Dürfen wir bitte sehen, wohin Sie unser Kind getragen haben?« »Selbstverständlich. Bitte folgen Sie mir.« Wir begleiten den Herrn in eine Aufbewahrungskammer. Dort ruht nun unser Kind in seinem zierlichen Sarg in einer kühlen Vitrine aus Glas. Wie einst »Schneewittchen« in dem Märchen der Gebrüder Grimm in ihrem gläsernen Sarg ihren Todesschlaf schlief, so scheint uns auch unser Mädchen in diesem Moment schlafend in seiner gläsernen Vitrine. Das ist ein halbwegs erträglicher Anblick, und ich darf ihm sogar ein wenig Anmut durch den bildhaften Gedanken abringen und wünsche mir so sehr, wir könnten es mit einem Kuss zum Leben erwecken.

Trotz allem Schmerz sind wir froh, zu wissen, wo unser Kind die Nacht verbringt, und dass wir uns durchgesetzt haben, bis zu ihrer Beisetzung täglich an ihrem für uns geöffneten Sarg zu verweilen, um Abschied von unserem Töchterchen zu nehmen. Weil wir mit unseren Erfahrungen beurteilen können, wie wichtig diese Stunden sind, möchte ich all jene Menschen, die einen Verlust erfahren und einen geliebten Angehörigen ein Stück weit im Tod begleiten, darin bestärken, wenn irgend möglich, sich sehenden Auges von ihren Lieben zu verabschieden. Auch und gerade an alle Verantwortlichen richte ich meine Aufforderung: Bitte sind Sie den Angehörigen und Hinterbliebenen hierbei liebevoll behilflich! Nehmen Sie sich und Ihre privaten Ansichten zurück, und lassen Sie den Wunsch der Hinterbliebenen auf einen persönlichen Abschied zu. Mit vielen Trauernden habe ich gesprochen, die noch heute traurig darüber sind, dass sie sich nicht in ihrer Weise verabschieden durften. Für manch einen Hinterbliebenen blieb der Tod aus diesem Grunde unbegreifbar. Ich kann bestätigen, dass die Gnade, die uns hierbei begegnet, von unwiederbringlicher Bedeutsamkeit ist und jeglichen Schmerz überwiegt, mögen die Wunden oder Veränderungen des geliebten Verstorbenen auch noch so schlimm sein.

Wir kommen nicht umhin, Freyas Beisetzung vorzubereiten. Nach den schönen Feierlichkeiten, die wir ausgerichtet haben, heißt es nun, eine Beerdigung für unser Kind vorzubereiten ... In Freyas Lieblingskirche Sankt Laurentius soll der Trauergottesdienst gehalten werden, und da soll sie aufgebahrt sein. Dort, wo unsere Tochter stets schauen wollte, »wo der liebe Gott wohnt«, soll sie in unserer Mitte sein. Danach werden wir unser Mädchen im Gebet zum Friedhof begleiten. In einem Telefonat mit dem Bestattungsinstitut lässt man uns wissen, dass dies nicht üblich und daher unmöglich sei. Man werde aber organisieren, dass das zerrissene Tuch in der Aussegnungshalle ausgetauscht und die abgestellten Gerätschaften aus den Ecken entfernt werden. Ach, und man will auch putzen. Wir telefonieren mit unserem Pfarrer und zwischenzeitlich gutem Freund Walter, der uns im Übrigen täglich besucht und die Beisetzungszeremonie vornehmen wird, obgleich es sein einzig dienstfreier Tag ist. Ihm müssen wir uns nicht erklären, er unterstützt unseren Wunsch.

Schließlich erhalten wir einen Gesprächstermin im Bestattungsbüro und erfahren, dass die Sterbekarten mit einem Bild unserer Tochter bis zur Beisetzung nicht mehr fertiggestellt werden können. Und auch die Textzeilen von Antoine de Saint-Exupéry, die wir ausgesucht haben, sind nicht Standard. Es gäbe schließlich Standardkarten, und die können rechtzeitig gedruckt werden! Ich habe das liebe Gesicht unseres Kindes vor Augen. Freya hat unserem Leben eine solch unbeschreibliche Poesie gegeben – Freya *ist* Poesie – und ein klein wenig Poesie soll unser Kind in den Himmel begleiten.

Wir bleiben unverstanden und fragen uns, warum uns die Trauerhilfe nicht zu Hause aufgesucht, sondern erst auf unsere Nachfrage hin einen Gesprächstermin am Freitagmittag gegeben hat, wenn nun keinerlei organisatorische Möglichkeiten mehr bestehen? Thomas erinnert sich an eine Druckerei in einem anliegenden Dorf. »Vielleicht kann man uns dort weiterhelfen?« »Um diese Uhrzeit? Am Freitag? Nein, da geht nichts mehr! Aber Sie können es ja in München probieren, vielleicht finden Sie dort noch jemanden, der Ihnen weiterhilft.« Wir schauen uns an, bis wir in München sind, ist es viel zu spät, außerdem möchten wir nochmals zu unserem Töchterchen. »Mein kleiner Liebling«, denke ich traurig, »wir hätten so gerne Erinnerungskarten, die dir gerecht werden. Dein Bild erzählt den Menschen. Aber es scheint nicht möglich!« Mit einem Blick auf die Uhr sagt Thomas ruhig: »Komm, lass es uns versuchen, lass uns nach Föching fahren. Herzlichen Dank für Ihre Hilfe!« Rasch verabschieden wir uns.

Die Druckerei ist eigentlich bereits geschlossen, aber die Eingangstür noch offen, und so treten wir ein. Es ist kein Personal zu sehen. Doch dann kommt uns von Weitem ein älteres Ehepaar entgegen. Es sind die Eltern des Inhabers, denen wir »zufällig« begegnet sind. Sie fragen freundlich nach unserem Wunsch, und wir erzählen. Wie mitfühlend sie sind ... Es steht für sie außerfrage, dass sie uns selbstverständlich helfen. Sie telefonieren mit ihrem Sohn, derweil wir unsere Druckvorlagen überreichen und das Druckpapier aussuchen dürfen. Und ihr Sohn arbeitet nun für uns in seiner eigentlich freien Zeit, faxt uns bereits am nächsten Tag den Korrekturabzug und lässt seine Maschinen am Wochenende laufen. Wir sind unendlich dankbar. All diese kleinen und großen Gesten berühren unser Herz. Sie sind ein Licht in unserer Traurigkeit.

Damals ahnte ich ja noch nicht, dass uns diese Hilfen gesandt werden. Natürlich könnte man all die positiven Ereignisse als »glückliche Zufälle« bezeichnen. *Für mich aber gibt es seit Langem keine Zufälle mehr. Zufällige Gedanken, zufällige Begegnungen oder zufällige Ereignisse – das alles sind für mich Fügungen. Hilfen, die in unser Leben geschickt werden.*

Ich bin überzeugt, dass sich die Seelen oft noch mehrere Tage nach ihrem Tod an unserer Seite aufhalten. Sie geben sich große Mühe, sich bemerkbar zu machen. Sie schicken uns Zeichen, die vielleicht unbemerkt bleiben. Vielleicht aber auch nicht? Wir durften einige Zeichen wahrnehmen.

Einsam fahren wir zurück nach Hause, nachdem wir nochmals unser Kind besucht haben. Jetzt ruht auch eine weiße Rose an seinem Herzen. Marion begleitet mich zum Münchner Hauptbahnhof, um meine Mutter abzuholen. Der Zug läuft ein, und wir stehen am Bahngleis. Wie hypnotisiert starre ich auf den Zug, auf diese furchtbare, mächtig große Eisenbahn. »Wo ist meine Mutter?«, reißt es mich aus meinem Schmerz. Eine weitere Angst überkommt mich, als wir sie unter den aussteigenden Fahrgästen nicht entdecken können. Durch die Chemotherapien ist ihr Herz in Mitleidenschaft gezogen. Der Bahnhof ist groß, und wir suchen sie an den verschiedenen Ausgängen. Ich bemerke, wie ich in Panik gerate. Doch dann sehe ich sie. Erbarmungswürdig, gebrochen steht sie da. Wir nehmen uns lange in die Arme. Noch einmal besuchen wir an diesem frühen Abend unser Kind, gemeinsam mit meiner Mutter, die ihr Enkelchen sehen möchte. Zwischenzeitlich sind weitere Familienmitglieder und Freunde eingetroffen. Das Haus füllt sich und bleibt trotzdem leer.

Thomas baut den Laufstall ab, den Freya nur noch zur Aufbewahrung verschiedener Spielsachen benutzt hat. Und er weint. Der Anblick der einfach nur darin liegenden, unbewegten Spielsachen tut weh und fällt auch den Trauergästen spürbar schwer. Wehmütig sehe ich unser Töchterchen, wie es jeden Abend seine kleinen Schätze zusammengetragen hat. Ich kann den Abbau kaum ertragen. Er hat etwas Vernichtendes, Auslöschendes. Freya war nicht einmal vier Monate alt, als Thomas den Laufstall mitgebracht hatte. Wir stellten ihn an die Terrassentür im Wohnzimmer, unter das Gemälde von *M. Quentin de Latour*, dem sie stets zugewinkt hat (»*Hallo, Monsieur!*«). Bis zu Freyas Geburt stand dort ein Armlehnstuhl, den wir zum Stillen in das Kinderzimmer gestellt haben und auf dem sie bis vor zwei Tagen noch fröhlich herumgeklettert ist. Anstelle des Lehnstuhls haben wir damals einen gusseisernen Kerzenständer aufgestellt, was eigentlich unter dem Bild von Monsieur sehr lieb aussah und ihm beim Kerzenschein irgendwie ein besonderes Prädikat verlieh. Dann wich der Kerzenständer dem Laufstall. Freya war gern darin. Von dort aus konnte sie die Vögel beobachten, wie sie sich das Futter aus dem Vogelhäuschen holten oder munter im Garten herumhüpften.

In dem Laufstall lag sie damals auch, als sie die Hand von ihrem Großvater festhielt, die sie nicht mehr loslassen wollte. Schnell hatte sie gelernt, sich an den Gitterstäben hochzuziehen. Wie stolz ist sie auf all ihre kleinen Erfolge gewesen. Wie stolz waren wir auf unser Kind. Aber das alles ist jetzt Geschichte? Wie das Bild von Monsieur an seine Geschichte erinnert, vielleicht auch nur noch darauf aufmerksam macht, dass es ihn einmal gegeben hat, so erzählt nun auch Freyas Bild, das auf dem Kachelofen steht, ihre Geschichte? Ein, zwei Generationen später wird ihr Bild nur noch bezeugen, dass es dieses strahlende kleine Mädchen vor langer Zeit einmal gegeben hat? Ich mag nicht weiterdenken. Ich suche die Nähe meiner Mutter, und meine Hände helfen ihr wie von selber, das Abendessen für die Gäste herzurichten. Als wir die Speisen auftragen, ist der Laufstall abgebaut. In die furchtbare Lücke stellt Thomas wieder den alten Kerzenständer. Mit zitternder Hand entzündet er die Kerze, gleich einer symbolhaften Beteuerung: »... in unseren Herzen bist du gegenwärtig und unvergessen!«

Walter kommt zum Gespräch und bleibt zum Abendessen. Ja, wir sind gezwungen, unsere Körper, die jegliche Nahrung ablehnen, weiterhin zu versorgen. Jeden Bissen kontrolliert das wachsame Auge meiner Mutter. Um es ihr nicht noch schwerer zu machen, funktionieren wir und nehmen mechanisch am Essen teil. Die beruhigende Gegenwart und die sanften Worte unseres Pfarrers sind jedem hilfreich und tröstlich. Auch ich nehme die schönen Bilder und Analogien, die er uns an die Hand gibt, sehr wohl wahr, aber ich kann sie in diesem Moment nicht wirklich an mich heranlassen. Der Schmerz ist zu groß. Ich bewahre sie tief in mir, für die einsamen Stunden. Und tatsächlich, da wirken sie, lieblich, tröstend.

Nachdem sich Walter verabschiedet hat, sitzen wir noch lange mit unserer Familie und ein, zwei Freunden beisammen. Ich erinnere mich nicht, wer als Erstes darauf aufmerksam machte ... Aber ich weiß noch sehr genau, wie ungläubig und fassungslos wir sind, als wir auf die gegenüberliegende Wohnzimmerwand starren, die sich ungefähr acht Meter vom Esstisch entfernt befindet. Wir alle sehen es deutlich. Dort, wo noch wenige Stunden zuvor Freyas Laufstall gestanden hat, tanzt ein Schatten an der Wand. Und der Schatten hat die äußere Form und die exakte Größe unseres Kindes! Gebannt betrachten wir das Schattenspiel. Wie magisch angezogen steht Thomas auf und geht zur Wand. Aber der Schatten verschwindet nicht. Im Gegenteil. Er bewegt sich seitwärts die

Wand entlang. Thomas hält eine Hand zwischen Kerze und Wohnzimmerwand, um zu prüfen, welchen Schatten der Kerzenschein verursacht, derweil sich der seitwärtslaufende sonderbare Schatten weiterhin die Wand entlangbewegt.

Zweifelsfrei wirft das Kerzenlicht einen Schatten, sobald Thomas seine Hand zwischen Kerze und Wand streckt. Aber ganz gleich, wie hoch oder tief, nah oder fern er seine Hand hält, der Handschatten von Thomas ist kurz und unbeweglich – und noch immer tanzt der fremde Schatten die Wand entlang. Onkel Rank geht nun hin und überprüft die Angelegenheit gleichfalls. Aber auch er findet keine Erklärung. Nun stehen alle im Wohnzimmer und suchen nach einer Erklärung, die es nicht zu geben scheint. Die Terrassentür ist fest verschlossen. Vielleicht ist ein Luftzug von draußen durch die geschlossene Terrassentür gedrungen? Sie gehen hinaus. Es ist eine sehr warme Sommernacht, nicht der leiseste Windhauch ist zu spüren. Die Fenster zur anderen Seite des Hauses sind ebenfalls geschlossen, weshalb auch Durchzug (ohne Wind?) als Erklärung ausscheidet. Es ist und bleibt unerklärlich. Ich beobachte alles Weitere aus dem Esszimmer. Das Ganze ist geheimnisvoll, gespensterhaft.

Währenddessen steht der Schatten jetzt ruhig an der Wand. Da fragt Thomas zärtlich: »Freya? Mäuslein, bist du das?« Und da beginnt der Schatten wieder zu zappeln und huscht erneut die Wand entlang, dieses Mal in die entgegengesetzte Richtung. »Ja, Mäuslein! Ja, wir wissen, dass du hier bist!«, antwortet Thomas kaum hörbar, als der Schatten für einen Moment stillsteht. »Ja, Freya, dort hat dein Laufstall mit all deinen Spielsachen gestanden, nicht wahr?« Und wieder fängt der Schatten an, sich zu bewegen. Der Umriss von Freyas Lockenköpfchen ist deutlich zu sehen. Thomas weint. Onkel Rank weint. Alle weinen. Alle haben es gesehen und zu erklären versucht, und niemand hat das Rätsel lösen können. Plötzlich ist der Schatten fort. Aber auch am nächsten Abend besucht uns der sonderbare Schatten – oder unser Töchterchen – und noch einmal an dem Abend vor der Beisetzung. Seitdem aber haben wir den Schatten nicht mehr gesehen.

Das Trauma hält Thomas gefangen und offenbart sich mit Herzschmerzen und kalten Schweißausbrüchen. Erschöpft schläft er ein. Alle sind schlafen gegangen. Und wieder ist es still im Haus. Ich bin allein, aber seltsamerweise empfinde ich in diesem Moment die Lautlosigkeit nicht als frostige Todesstille, sondern wie eine außergewöhnliche, besondere Ruhe. Meine Gefühle wechseln indes, manchmal stündlich, einander ab. In diesem Moment aber spüre ich eine Wärme, die sich über mich legt und mein Herz umschließt. Ist es der Frieden, den ich mit meinem Kind habe? Ich bin sicher, dass Freya weiß, wie sehr sie von uns geliebt ist. Wehmütig und gleichzeitig tröstend holt mich die Erinnerung ein, wie unser Mädchen vor dem Schlafengehen seine Milch getrunken hat. Das waren sehr schöne, ruhige Stunden: Gemeinsam sitzen wir in unserem Kuschelsessel. Freya schmiegt sich an meinen Körper und ich halte die Flasche, die sie nur ab und zu mit der einen Hand berührt. Die andere Hand braucht sie, um meine Hand zu fühlen und zu streicheln und meine Finger zu tasten, jeden Finger einzeln, immer und immer wieder, ganz sanft und zart.

Dass es sich hierbei um mehr als nur eine zärtliche Geste gehandelt hat, ist mir damals nicht bewusst gewesen. Erst später wird mir klar, dass *unsere fünf Sinne gleich den fünf Fingern unserer Hand stehen, die die diesseitige (materielle) Welt begreifen lernen müssen.*

Während Freya die warme Milch trank, erzählte ich ihr kleine Geschichten. Aber da waren nicht nur die Geschichten;

es war mir auch so ungemein wichtig, dass sie, wo immer auch ihr Vater gerade unterwegs war, wissen sollte, wie lieb er sein kleines Töchterchen hat. Somit habe ich Freya erzählt, wer alles sie lieb hat, zählte für sie ihre Freunde auf, und sie hielt ihre Augen fest geschlossen. »Mein Liebling, Mami hat dich so lieb ..., und Papi hat Freya ganz, ganz, ganz toll lieb, Omi Hildegard hat Freya-Maus ganz, ganz, ganz toll lieb ... und Birgit, Opi Klaus, Opi Alfred, Tante Barbara, Onkel Frank, der andere Onkel Frank, Opa Anton, Maximilian und Max (der Nachbarhund), Tante Marion, Arthur und Rudi Rudolph ...« und alle, die mir in den Kopf kamen. Wenn ich das Aufzählen einmal kurz unterbrach, öffnete Freya ihre Augen, schob die Milchflasche zur Seite, hob das Lockenköpfchen, schaute mich an und fragte: »*Noch, noch, noch ... ?!*« Das bedeutete, sie wollte von noch mehr kleinen und großen Freunden hören, die sie alle lieb haben. Dann habe ich weiter aufgezählt.

So zählte ich jeden Abend für unser Kind. Und ist es nicht eigenartig, dass ich in meinen Aufzählungen nicht nur die »Lebenden«, sondern auch die »Verstorbenen« mit einbezogen habe? Ich bin froh, dass wir dieses kleine Wer-hat-Freya-lieb-Ritual für uns gehabt haben und ich ihr jeden Abend sagen durfte, wie sehr wir sie lieben. Es gibt mir das Gefühl, dass sie diese Gewissheit mitnehmen kann, dass unser Mädchen für alle Zeit weiß, wie innig geliebt es war, wie innig geliebt es ist ...

Ich hole einen Schreibblock, meinen Füllfederhalter und die Familienbibel. Für den Trauergottesdienst möchte ich über unser Kind schreiben und Lesungen aussuchen, aber ich muss nicht wirklich suchen. Intuitiv wähle ich eine Lesung aus dem Neuen und eine aus dem Alten Testament. »*Korinther 13 erzählt von der Liebe* – das ist für dich, Freya, mein kleiner Liebling ... *Jesaja 41,2 vermittelt Trost und Kraft* – Thomas, für dich.«

Und dann sitze ich da. »Seltsam«, denke ich, »das sind genau die Bibelstellen, die mir als Teenager in der Bibellesestunde gefallen haben.« Wie lange habe ich daran nicht mehr gedacht? Und ehrlich gesagt, andere sind mir auch nicht in solcher Erinnerung geblieben. So, als hätte ich geahnt, dass ich sie einst brauchen würde ... Ja, unser Glaube wird für eine lange Zeit das Einzige sein, was uns bleibt. Und die Erinnerungen – unsichtbares Zeugnis und unhörbares Echo unseres glücklichen Lebens. Ich nehme Freyas Bild vom Kachelofen und stelle es ganz nah zu mir auf den Esstisch, auf dem die Kerzen brennen. Das Bild hat eine außergewöhnliche Lebendigkeit, und ich schaue in die strahlenden Augen unseres Kindes. Freya, jetzt werde ich von dir erzählen ...

Gott sandte uns einen Engel,
unser einzig geliebtes Kind,
das im Alter von nur zwanzig Monaten
durch einen entsetzlichen Unfall starb.
Und ein Engel trug unser kleines Mädchen
zu Gott, in Gottes Licht.

Freya-Maus,
wie sich unser Töchterchen selbst nannte,
war ein gold-blonder Lockenkopf,
mit runden Bäckchen,
strahlenden, hellblauen Augen
und einem entzückenden Grübchen.

Von Geburt an neugierig und wissbegierig,
war sie stets darauf bedacht,
Quatsch zu machen und Scherze zu treiben,
und Mami und Papi sollten immer wieder
Quatsch auch mit ihr machen.
Sie war mehr als humorvoll.

Freya sang gerne und oft,
mit Mami und Papi
und mit Birgit,
aber auch viel und gerne allein
und zu jeder Gelegenheit.

Freya-Maus liebte Kinder und Tiere über alles.
Sie war ein ganz besonders zärtliches Kind.
Liebevoll streichelte und berührte sie
und tastete sanft Finger, Hände und Arme
von Mami und Papi
und ihrer geliebten Omi Hildegard.
Auch zu den Tieren, die Freya streicheln durfte,
war sie ganz zart.

Freya liebte Blumen,
vor allem Rosen, die so »gut riechen«.
Sie gab gerne Bussis
und drückte einen ganz fest,
wann immer es ihr danach war.

Freya lobte Mami und Papi,
wenn die Eltern ihrer Meinung nach
einmal etwas besonders gut gemacht haben
oder wenn sie etwas ganz, ganz »prima« fand.
Koseformen hat sie sich für ihre Eltern ausgedacht
und umgarnte ihren »Papili«.
Und wenn Mami nicht mit sich diskutieren ließ,
dann war sie die »Mamili«,
vielleicht klappte es ja dann.

Oftmals schon kokettierte Freya.
Sie hatte einen Sinn für die schönen Dinge
und war auch schon ein wenig eitel.
Freya war arglos und vertrauensvoll
und manchmal ein wenig genierlich.

Zuweilen war Freya-Maus ganz leise,
und gemeinsam lauschten wir den Vögeln
und dem Wind.
Freya liebte das Meer und ihr Planschbecken.
Und sie liebte es, gekrabbelt und gekrault zu werden.
Pferdchenreiten, Herumtollen im Sand
und mit Kies spielen,
mit Duplos bauen und vor allem
Bücher anschauen
waren ihre Lieblingsbeschäftigungen.
Freya kochte gern und rührte gern mit –
am liebsten »alleine«.
Sie teilte gern und nahm gern teil.

Stolz zeigte sie alle ihre großen und kleinen
Neuentdeckungen.
Charmant und zart war sie,
und sie war Genießerin, besonders,
wenn es sich um Fleischpflanzerl
und Kohlrabi handelte.

Zu Freya gehörten ihre Lieblingskuscheltiere,
die sie überall begleiteten.
Ganz besonders liebte sie
ihren Rudi Rudolph, das kleine Rentier,
ihren Tiger Arthur und ihr Lämmchen.

Ihre Kuscheltiere lehrte sie
diejenigen Sachen,
die ihr selbst vermittelt wurden.

Den lieben Gott, Maria und das Jesus-Kind
schloss Freya ganz fest in ihr Herz.
Immer wieder wollte sie in die Kirche,
zu den »Glocken, die bim-bam-bum machen«,
und »schauen, wo der liebe Gott wohnt«.
Immer wieder fragte sie:
»Lieber Gott nicht traurig, nein?
Lieber Gott lachen – lieber Gott fröhlich ist!«

Freya liebte
den Mond, die Sterne und ihre Entenfamilie.
Wenn sie abends oder nachts
aus einem Traum geweckt wurde,
mochte sie den Mond und die Sterne sehen,
die sie so sehr faszinierten –
und sie wollte mit einem Maikäfer
zum Mond fliegen.
Mit Mami schüttelte sie morgens ihr Bettchen,
wie »es Frau Holle im Himmel macht«.

Freya-Maus war
immer lachend – immer neugierig –
immer aktiv – lebensfroh –
ein glückliches, aufgewecktes und intelligentes
kleines Mädchen,
dessen Charme sich niemand entziehen konnte.

Freya gab uns
nicht nur täglich das frohe Bewusstsein,
eine glückliche Familie zu sein – sie gab mehr:
unfassbares Glück
für uns stolze und auf ewig in sie verliebte Eltern.

Ganz sicher ist Freya eine »Blume, die es nur
ein einziges Mal gibt, auf allen Millionen und
Millionen Sternen«
(Antoine de Saint-Exupéry).

Während ich diese Zeilen niederschreibe, bin ich mit meinem Herzen in einem ständigen Dialog mit unserem Töchterchen und spüre immerfort die Liebe, die mich umhüllt. Heute weiß ich, dass Freya in diesem Moment an meiner Seite gewesen ist ... Und als ich fertig bin, wende ich mich noch einmal an Freya und gebe ihr ein Versprechen: »Mein kleiner Liebling, Mami wird deine Botschaft aufschreiben. Die Menschen werden deine Liebe kennenlernen – und nichts soll vergessen sein ...«

Als wir unser Kind am darauffolgenden Tag besuchen, stellen wir eine Veränderung fest. Die Veränderung ist schwer zu erklären. Sie ist zu sehen und gleichzeitig zu fühlen. Irgendetwas in Freyas kleinem Gesicht ist anders. Es scheint nochmals friedlicher zu sein, ja, in einer besonderen Weise verändert, umgewandelt. Aber keiner von uns könnte sagen, was genau diese spürbare Veränderung ausmacht. Bedeutet es, dass sich nun endgültig Seele und Körper voneinander getrennt haben? Wir wissen es nicht wirklich. Ich glaube, dass sich ihre physische Hülle verändert hat, weil unser Töchterchen nicht mehr dort weilte. Ihre Seele hat sich jetzt endgültig verabschiedet, ihr altes Leben losgelassen, um sich dem anderen, dem lichten Leben zuzuwenden.

Einer der schmerzlichsten Augenblicke seit Freyas Tod ist der Sonntagabend, an dem wir unser Kind ein letztes Mal besuchen. Tief in uns arbeitet das furchtbare Wissen, danach niemals mehr ihr liebes Gesicht zu sehen, sie niemals mehr umarmen und niemals wieder liebkosen zu dürfen. Niemals! Niemals! Niemals? Ich schaue auf meine Hände und bin so unbeschreiblich traurig: »Lieber Gott, das sind Hände, die ihr Kind nicht mehr streicheln dürfen. Hände, die nur noch das Wort ›Sehnsucht‹ in den Himmel schreiben können! Was soll ich mit diesen unnützen Händen?« Nein, es tut sich mir nicht augenblicklich der Himmel auf, um die verklärte Antwort über mich auszuschütten: »Siehe, eure Tochter lebt! Es geht ihr gut! Sie ist nicht allein, hier sind viele Freunde! Freya ist glücklich und fröhlich, denn sie ist geliebt, umsorgt und behütet in meinem Licht!« Der Himmel schweigt.

Aber vielleicht kam von oben doch eine Antwort, und ich habe sie nicht wahrgenommen? Denn in mir ist nicht nur Trauer, keine Hoffnung – da ist auch Mutlosigkeit und ohnmächtiger Zorn. Es gibt ein französisches Sprichwort, in dem es heißt »Abschiednehmen bedeutet immer ein wenig sterben« (»Partir, c'est mourir un peu«). Selbst wenn wir bereits gebrochen wurden, in diesem Moment sind auch wir ein wenig gestorben. Thomas stimmt noch einmal unser Gute-Nacht-Lied an, das wir nun ein letztes Mal gemeinsam für unser Töchterchen singen: »*Schlafe, Freyalein, schlafe, die Englein spielen Harfe, der Mond wünscht dir eine gute Nacht – und Mami und Papi, die geben fein acht …*« Und nach wochenlangem Sonnenschein gießt der Himmel Bäche an Tränen auf uns herab. Es regnet.

127

Montag. Ein Tag wie jeder Tag. Für uns ist es der Tag der Beisetzung. Wie versteinert stehe ich an dem leeren Himmelbettchen. Mein verschwommener Blick fällt auf ein Bilderbuch, das ich gekauft habe, als unser Kind zehn Monate alt war. Das Buch enthält verschiedene Kinderlieder, Volkslieder und Verse. Bunte Zeichnungen illustrieren jedes Lied und jeden Vers, und es wurde bald zu Freyas Lieblingsbuch. Jeden Abend haben wir darin herumgeblättert, sodass manche Seiten zwischenzeitlich mit Tesafilm zusammengehalten werden. Mit großer Begeisterung suchte Freya nach den Tieren, den Blumen, den Äpfeln, so wie kleine Kinder sich nun einmal Bilderbücher anschauen. Gemeinsam haben wir mit dem Buch entdeckt, gelacht und gesungen. Viele Lieder konnte sie bereits mitsingen. Manche gefielen ihr auch nicht, dann blätterte sie einfach weiter.

Aber eine Seite in dem Buch hat Freya ganz besonders gemocht. Es ist die Zeichnung von einem kleinen Mädchen, das im Bettchen liegt und schläft. Rings um das Mädchen herum haben sich vierzehn Englein versammelt. Fasziniert betrachtete Freya immer wieder dieses Bild. Es ist die Zeichnung zu dem Lied »*Abends, wenn ich schlafen geh ...*«. Etliche Male habe ich dieses Lied für sie gesungen, auch beim Schlafengehen: Freya liegt eingekuschelt in ihrem Bett und hält Rudi Rudolph fest im Arm. Wenn ich zu singen beginne, wird sie still. Aufmerksam hängt sie an meinen Lippen, während ihr Blick sich ruhig in meinen Augen verfängt. Oft schon habe ich mich gefragt, was Freya bei diesem Lied wohl empfinden mag, weshalb sie so ruhig und aufmerksam zuhört. Ist es meine Stimme? Ist es vielleicht die Melodie? »Was war da, Freya? Was hat dich so sehr berührt, mein Liebling?«, frage ich mich nun nochmals und presse das Buch an meine Brust.

>*Abends, wenn ich schlafen geh,*
vierzehn Englein um mich stehn,
zwei zu meiner Rechten,
zwei zu meiner Linken,
zwei zu meinen Häupten,
zwei zu meinen Füßchen,
zwei, die mich decken,
zwei, die mich wecken,
zwei, die mich weisen
ins himmlische Paradeise ...«

Tränen tropfen auf das Buch, das ich noch immer fest umklammert halte, während ich das Lied nochmals für mein Mädchen summe und mich in jede Zeile verliere. Habe ich wirklich nicht gewusst von den Engeln in den Schlafzimmern unserer Kinder?! Von den Kindern, die ihre Engel fühlen, sehen, mit ihnen sprechen, sie an ihre Hand nehmen ... »Freya, hast du von deinen Engeln gewusst? Haben die Engel dich berührt?«

Meine Tränen verwandeln sich in Rosen,
die deinen Mund, deine Wangen,
deine Augen liebkosen ...
Schau mich an, glaub daran, unser Band,
meine Hand – Gott beschütze dich ...

Freya wird beigesetzt. In ihrer Lieblingskirche Sankt Laurentius ist unser kleines Mädchen aufgebahrt, umgeben von einem See aus Rosen und Rosenblättern. Unser kleines blaues Geschichtsbuch wird ein letztes Mal für unser Töchterchen aufgeschlagen – als Kondolenzbuch, in dem Freyas Familie und alle ihre großen und kleinen Freunde ihrem Enkelchen und Patenkind, ihrer Nichte, Cousine, kleinen Freundin und Krabbelgruppenfreundin »Auf Wiedersehen« sagen, mit einem letzten Gruß und vielen lieben und weisen, aber auch hoffnungsvollen und zuversichtlichen Gedanken und Wünschen, auch für uns Eltern. Und wir wissen, dass es nicht nur für uns ein schwerer Gang ist, und sind einem jeden für diese letzte Ehre und schmerzliche, innige Anteilnahme dankbar.

»Gott hat einen kleinen Sonnenschein
ganz nah an sein Herz gezogen.«

»Wir freuen uns,
wenn wir dich heil und gesund
und fröhlich
bei Gott wieder treffen werden.«

»Warum? ...
... wo du doch so viel Liebe gebracht hast.«

»Kleines Kind, oh weine nicht,
erzähl mir deine Sorgen.
Du liegst hier doch im strahlend Licht
bei mir im Arm geborgen.«

»Sie war ein Engel,
sie kam und flog weiter.«

»In Liebe ... Auf Wiedersehen.«

Christus spricht:
»Ich bin die Auferstehung
und das Leben,
wer an mich glaubt,
wird leben in Ewigkeit.«
Viel Kraft und Hoffnung aus dieser Zusage.

Mit diesen letzten Zeilen und der hoffnungsvollen Zusage von unserem Pfarrer und Freund Walter ist unser Buch geschlossen – für immer. Bobby spielt unserem Mädchen auf dem Saxofon das Lied, das es so besonders berührt hat: »*Abends, wenn ich schlafen geh, vierzehn Englein um mich stehn ... zwei, die mich weisen ins himmlische Paradeise ...*«

Zwei mit weißen Blumen geschmückte Pferdchen ziehen Freya in einer geschmückten Kutsche zu ihrem Grab, wo wir sie zur ewigen Ruhe betten. Unendliche Liebe, zärtliche Wünsche, aber auch Fragen so vieler Menschen und Freunde begleiten sie auf ihrem Weg in ihr altes und neues Zuhause, den Himmel. Und zwischen die vielen dunklen Regenwolken schiebt sich nur ein einziger heller Sonnenstrahl, der unsere Herzen berührt und uns innig an den Händen halten lässt. Wir blicken hoch zum Horizont und hoffen zuversichtlich: »Nun hat unser Kind endgültig seine Reise ins Licht angetreten und schickt uns einen Sonnenstrahl ...«

Wind in den Flügeln

Bereits drei Tage nach Freyas Beisetzung, in der wir ihren kleinen leblosen Körper, ihre verletzte Hülle, der Erde übergeben und unser Kind zur ewigen Ruhe gebettet haben, nehme ich meine Arbeit wieder auf. Die noch immer angestrengte Situation der Klinik verlangt es. Meine wundervolle Mutter, die beste Omi der Welt, die ihre kleine Enkelin so sehr vermisst und ihrem Schmerz kaum Ausdruck verleihen kann, bleibt noch für drei Wochen bei uns. Und darüber bin ich aus vielen Gründen dankbar, auch weil Thomas somit nicht allein zu Hause ist. Gerade jetzt sind die Familie und Freunde unendlich wichtig, aber wir bemerken, dass sich auch lieb gewonnene Menschen nach und nach von uns zurückziehen. Nur wenige wahre Freunde bleiben, ja selbst Mitglieder aus dem engeren Familienkreis verabschieden sich von uns, aus Furcht, aus Verlegenheit oder weil unsere Tränen nicht gesellschaftsfähig sind? Sicherlich aus den allerbesten Gründen. Wir werden noch einsamer, und wir erkennen die tiefe Wahrheit von Isokrates: »*Gold prüft man im Feuer, die Freunde aber erkennt man im Unglück.*«

»*Trauer ist normal und gesund. Wenn ein Mensch stirbt, ›dürfen‹ die Weiterlebenden traurig sein. [...] Unsere Gesellschaft verlangt von dem Trauernden, schnell wieder gefasst zu wirken und Haltung zu bewahren. Lauter und anhaltender Ausdruck von Schmerz wird als unpassend oder sogar peinlich erlebt*«, lese ich in einem Fachjournal. Thanatologen haben, man staune, den Verlauf der Trauer sogar in Modellen beschrieben. Und am Ende dieser »praxisnahen« Modelle steht dann ein glanzvoller Trauerabschluss durch Reorganisation und Trauerbewältigung, der bitte sehr gemäß der wissenschaftlichen Vorgabe in einer Zeit von ein bis zwei Jahren zu absolvieren ist, wobei den Eltern beim Tod eines Kindes ein weiteres Trauerjahr zugesprochen wird. Welch ermutigende Aussichten ...?

Unsere nächsten und alle folgenden Tage und Nächte sind geprägt von schmerzlichen Erinnerungen und quälender Sehnsucht. Und ich weiß nicht, ob die Tage oder die Nächte schlimmer sind. Während des Tages vermissen wir den fröhlichen Kinderzauber, und sobald wir abends die Terrassentür öffnen, klingt in die lautlose Dunkelheit lediglich das Zirpen der Grillen an unser Ohr, und manchmal trägt der Ostwind das entfernte Rauschen der Autobahn zu uns herüber. Klänge, die wir zuvor als idyllisch empfunden haben, weil sie sich mit dem wohligen Wissen vermischten, dass unser Töchterchen in diesem Augenblick in ihrem Bettchen schläft. Doch nun sind dies traurig klingende Laute, und sie betonen unsere Einsamkeit. Wie ein Vogel möchten wir davonfliegen. Aber wie hoch kann ein Vogel mit gebrochenen Schwingen fliegen?

Walter schickt uns eine Infobroschüre über den Verein Verwaiste Eltern. Sollten wir uns an die Selbsthilfegruppe wenden? Wie gruselig klingen für uns die Worte »verwaiste Eltern« ... Aber genau so verhält es sich – wir sind verwaist. Doch wir scheuen uns, Kontakt aufzunehmen. Wir müssen einen anderen Weg für uns finden.

Und doch, in das Trauma von Thomas drängt sich unübersehbar eine Todessehnsucht, die mir große Angst macht. Eine therapeutische Behandlung lehnt er aber erst einmal ab. Ich bin in großer Sorge und verunsichert darüber, dass nun bald seine Proben für das Theaterstück »Piaf« beginnen und kurz darauf eine Tournee folgen wird. Einerseits denke ich, dass es gut ist, wenn er den Weg zu seiner Musik zurückfindet. Aber niemand weiß besser als ich, dass Arbeit nicht wirklich ablenkt. Diesem Irrtum unterliegen viele Menschen. Der Kummer birgt eine solch große Körperlichkeit – und der Schmerz erscheint unvergänglich. Der Schmerz begleitet uns jeden Tag aufs Neue, er verändert sich, aber er bleibt unser täglicher und nächtlicher Begleiter.

Thomas hat noch mit einem weit größeren traurigen Problem zu kämpfen: Immer, wenn er in seinem Arbeitszimmer am Klavier komponiert oder Stücke einstudiert hat, wusste er, dass Freya ihn bei seiner Arbeit hört (»*Papili, Arbeit! Papili la-la-la-Musik macht!*«). Und auch er hörte sein Töchterchen spielen und plappern. Die letzten Lieder, die Thomas gespielt und Freya gehört hat, waren von Edith Piaf. Es sind die Chansons »*Mon Dieu*« und »*C'est l'amour*«. Wie seltsam, angesichts des Todes unseres Kindes. Und wie unermesslich schwer muss es ihm fallen, nun die Proben aufzunehmen, diese Lieder auf dem Klavier zu spielen. Aber auch Thomas nimmt seine Arbeit auf und spielt, jeden Tag – nur für sein Töchterchen ... und er weint.

Die Fahrten zur Klinik fallen mir schwer, aber ich habe auf wundersame Weise Kraft und Disziplin. Die Anfahrt zieht sich. Alles, einfach alles ist entzaubert. Noch schlimmer sind jedoch die Fahrten zurück nach Hause. Wie flog ich früher über die Autobahn, heim zu unserem Töchterchen, das auf Mami wartete. Wie freute ich mich jeden Abend auf unsere gemeinsamen Stunden. Nun aber bemerke ich, wie mein Auto langsamer und langsamer fährt, so als wollten wir gar nicht zu Hause ankommen. Unser Kind, es erwartet mich nicht mehr. Nein, meine Rückfahrt führt mich nun nicht direkt nach Hause, sondern direkt an Freyas Grab. Wehmütig betrachte ich morgens, bei der Fahrt zur Klinik, die Berge, die so unendlich nah und dennoch so weit entfernt zu sein scheinen. Mein Geist arbeitet klar, und ich funktioniere. Ja, ich funktioniere! Nicht mehr und nicht weniger.

Aber meinen Körper fühle ich noch immer kaum. Er scheint wie abgeschnitten. Lediglich der Schmerz und die Sehnsucht lassen mich einen Rest an Körper spüren, in Form von anhaltenden Herzschmerzen. Und ganz wirklich spüre ich diese »große Last«, die mich nach unten drängt.

So drückt mich auch jetzt der Schmerz in den Autositz und lässt mich ganz klein werden. Ich fahre die ersten Fahrten wie in Trance, habe Mühe, mich auf meine Seite der Fahrbahn zu konzentrieren. Jeder Transporter, jeder Lastwagen, der mir entgegenkommt, erscheint gewaltig groß, überdimensional. Die Größe und die Kraft lassen mich jedes Mal zusammenschrecken und die Luft anhalten, als wollten sie mir Gewalt antun. Ganz sicher die Auswirkung des Traumas, ist da doch in meinen Bildern unser kleines Mädchen und diese große, mächtige Eisenbahn. Um das zu erkennen, brauche ich keinen Psychologen. Andererseits ist es mir egal. Sehe ich eine gefährliche Straßensituation, nehme ich sie zwar wahr, aber im Gegensatz zu früher weiche ich der Situation nicht aus, sondern lasse sie auf mich zukommen, unterlasse jegliche Ausweichmanöver.

Hierbei erinnere ich mich an einen äußerst gewagten Überholvorgang eines Kleinwagens auf der Landstraße in Richtung Autobahn. Ganz genau beobachte ich, wie der Wagen zum Überholvorgang ausschert, und sehe sofort, dass das Manöver zu spät angesetzt wurde, um gleich mehrere Autos auf einmal zu überholen. Bruchteile von Sekunden trennen den eiligen Fahrer und mich voneinander. Früher wäre es selbstverständlich an der Zeit gewesen, dringend und unverzüglich auf die Bremse zu treten. Aber nein, ich lasse das entgegenkommende Auto auf meine Fahrbahnseite fahren, und es bewegt sich ganz deutlich auf mich zu. »Bremsen, wozu? Der liebe Gott wird es fügen. So wie es sein soll, so wird es sein, so ist es recht!« Ich habe ein Gefühl größter Ungerührtheit oder vielmehr noch, ich fühle gar nichts, außer stumpfsinniger Gleichgültigkeit gegenüber dem Leben. Erste Anzeichen einer schizophrenen Persönlichkeit? Brauche ich vielleicht doch einen Therapeuten?! Gerne hätte ich mein Leben auf diesem Weg gegen das andere Leben eingetauscht, das andere Leben, das Freya lebt. Dort sein, wo unser Kind sich jetzt befindet. Zentimeter vor dem unausweichlich erscheinenden Aufprall kann sich der Überholer dann doch noch in eigener Fahrtrichtung einordnen. Schwups! Vorbei die Chance! Der liebe Gott hat es nicht vorgesehen, dass ich unserem Töchterchen so schnell folge.

Dieser Zustand, der mit Gelassenheit nichts gemein hat, dauert noch Wochen an. Und mein Schutzengel hat in dieser Zeit ganz sicher alle Hände voll zu tun. Armer Schutzengel, das wird mir erst jetzt bewusst. Dafür möchte ich mich bitte endlich bei dir entschuldigen. »Entschuldigung, es tut mir leid!« – »*Huldigung! Mir leid!*«, wie Freya immer so lieb gesagt hat. Viele Menschen haben an mich die Frage nach Freyas Schutzengel gestellt. Wo war ihr Schutzengel in dem Moment, als sie starb? Warum haben manche Kinder einen Schutzengel und andere Kinder (Freya) nicht? Die Antwort ist einfach. Natürlich hatte unsere Tochter einen Schutzengel. Und natürlich war Freyas Schutzengel in dem Moment, als sie gestorben ist, bei ihr. Selbstverständlich hat er nicht weggeschaut oder war mit anderen Aufgaben beschäftigt. Aber da es Gottes Plan war, dass unsere Tochter nunmehr dieses Leben gegen das neue Leben oder das Leben in der jenseitigen Welt eintauschen soll, hatte ihr Schutzengel gar keine Chance, dieses unweigerlich folgende Schicksal abzuwenden. Schutzengel nehmen keinen Einfluss auf den Weg, der uns von Geburt an vorgegeben ist. Aber ganz sicher hat der Schutzengel unser Kind auf seinen Armen zurück in Gottes Licht getragen! Warum ich mir da so sicher bin? *Ich habe es gefühlt – und damit weiß ich es.*

»Was um Himmels willen können wir nur tun?«, frage ich. In uns schreit diese unbändige Sehnsucht, strecken sich unsere Arme verlangend nach unserem Töchterchen. Aber irgendetwas in mir warnt mich, dass unser Kind unter keinen Umständen möchte, dass wir ihm durch einen Freitod nachfolgen, unabhängig von dem Leid, das wir dadurch Menschen, die uns lieben, erneut zufügen würden. »Das Leben ist ein Geschenk Gottes«, wurde mir als Kind beigebracht. Und mit diesem »Geschenk« sollen wir sorgfältig umgehen. Und überhaupt, beten wir nicht für die »armen Seelen«, und somit auch für diejenigen Menschen, die sich das Leben genommen haben (damit sie dann endlich in den Himmel, ins Licht gehen können)? Was hat es denn damit eigentlich auf sich? Es kann sich dabei doch nicht nur um eine moralische Plattitüde oder um eine angsteinflößende theologische Disziplinargeschichte handeln. Gibt es da eine größere Wahrheit? Mein Gefühl sagt mir, dass sich hinter diesem Dogma mehr verbirgt, nämlich Erfahrungen von Jahrtausenden, ein tiefes Wissen. Auf die Suche nach der größeren Wahrheit und auf den Weg des Verstehenwollens führt mich genau genommen auch die Begegnung mit einer Nachbarin, und zwar in einer eigentümlichen Weise – nämlich über das Verletztwerden.

Thomas und ich begegnen der Nachbarin am Grab, nur wenige Tage nach der Beisetzung. Wir spüren ihre Trauer. Aber wir bemerken an ihrer angespannten Körperhaltung auch, wie unangenehm es ihr offensichtlich ist, mit uns zusammenzutreffen. Zaghaft berühre ich ihre geschlossenen Hände. »Es ist so furchtbar ...«, sagt sie leise. Und dann schaut sie mich flüchtig an und fügt ganz nebenbei hinzu: »Aber weißt du, ich bin als Mutter viel zu sensibel, als dass ich den Tod eines meiner Kinder überleben könnte!« Erschreckt schaue ich zu Thomas, der sanft meine Hand drückt. Wir stehen da, betroffen, fassungslos, und antworten nichts. Was könnten wir auch darauf antworten? Und doch, diese sicherlich unüberlegte oder vielmehr unbeholfene Bemerkung hat mir in hohem Maße zugesetzt, mich schmerzlichst verletzt.

»Bin ich zu unsensibel, weil ich, Freyas Mami, weiterlebe?«
Diese Gedanken haben mich lange beschäftigt. Es dauert fast
zwei Jahre, bis ich auf ein Zitat des Mystikers Johannes Tauler
stoße. »[...] *Was weißt du vom Wesen deines Nächsten? Was von
Gottes Willen mit ihm, oder auf welchem Weg Gott ihn gerufen oder
geladen hat? [...] Beurteile dich selber, und lass deinen Nächsten
seine Angelegenheiten mit Gott selbst ausmachen und Gott mit
ihm.*« Seitdem habe ich meinen inneren Frieden mit der Nachbarin zurückgewonnen. Aber ich erinnere mich sehr genau,
wie ich im Anschluss an diese Begegnung gedankenverloren in
der Küche sitze ...

Vielleicht ist es mutiger zu leben, als zu sterben, liebe Ag-
nes? Schau her, was ist das für eine Form des Weiterlebens?
Für wen oder für was lebe ich weiter? Ja, für meinen Mann, der
mindestens so traurig und verzweifelt ist wie ich, und für meine
Familie. Für die Klinikexistenz? Ist es wirklich wichtig, dass ich
dafür lebe? Das Haus ist dunkel – kein Licht leuchtet. Das
Haus ist still – kein Lachen von Freya, das einst wie Musik, wie
silberne Glöckchen tönte, Freya, die unsere Herzen mit ihrem
Sein belebt hat. Meine Träume sind geträumt ... Das Leben ist
entzaubert ... Ich kann und darf nicht mehr an dem haften, was
ich, was wir einmal waren – eine glückliche Familie. Die Trauer,
der Schmerz verändert – wie wir vorher waren, so können wir
nicht mehr sein, niemals mehr!

Da sagen kluge Menschen, dass noch in jedem Jahr der
Schnee geschmolzen ist, und sich noch in jedem Jahr die
Schneeglöckchen zeigten. Und sie meinen damit, dass diesen
Tagen neue, bessere folgen werden. Können bessere Tage fol-
gen? Nein. Es werden nur andere, weitere Tage folgen. Keine
Nacht und keinen Tag werden wir mehr mit jungfräulicher
Unbeschwertheit begrüßen können. Wie viele Nächte und wie
viele Tage werden vergehen, bis wir unser kleines Mädchen
wiedersehen, wieder in unsere Arme nehmen dürfen? Es wird

Abend und es wird Morgen auf der Erde werden – ohne unser geliebtes Kind! Wir fühlen uns betrogen, betrogen um unser kleines Mädchen, das sein Leben nicht ausschöpfen durfte. Was nützt es uns zu hören, dass die Götter den, den sie lieben, gleich wieder zu sich nehmen? *»In deiner Brust sind deines Schicksals Sterne«*, schrieb einst Friedrich von Schiller. So mag es sein, aber meines Schicksals Sterne schnüren meine Brust. Eiserne Bande, die sich um mein Herz legen und mir alle Luft zum Atmen nehmen. Ich spüre, wie eine äußere Kraft mich umschließt, und stechende Herzschmerzen zwingen mich zurück auf meinen Stuhl. *»Da zieht Gott an der einen Hand, der Teufel an beiden Füßen ...«* (WILHELM BUSCH).

Dem körperlichen Schmerz ausgesetzt sitze ich da, regungslos. Und inmitten aller Schmerzen begreift mein Herz mit einem Mal den Inhalt des Märchens »Der Froschkönig oder der eiserne Heinrich« – und ich spreche meine Bilder aus, erzähle sie Thomas und erwarte keine Antwort ... In dem Märchen, in einer Zeit, wo das Wünschen noch geholfen hat, hatte sich der treue Heinrich einst so betrübt, als sein Herr in einen Frosch verwandelt wurde, *dass er sich drei eiserne Bande um sein Herz hatte legen lassen, damit es ihm nicht vor Weh und Traurigkeit zerspränge.* Als sich sein Herr in den Prinzen, der er war, zurückverwandelte, als alles wieder gut wurde, da hörte der Königssohn, dass es hinter ihm krachte, als wäre etwas zerbrochen, und er drehte sich um und rief: *»Heinrich, der Wagen bricht!«* Und der eiserne Heinrich antwortet ihm: *»Nein, Herr, der Wagen nicht, es ist ein Band von meinem Herzen, das da lag in großen Schmerzen, als Ihr in dem Brunnen saßt, als Ihr als Frosch verwunschen wart ...«*

Nur, es ist eben ein Märchen, in einer Zeit, wo das Wünschen noch geholfen hat! Uns aber hilft kein Wünschen, uns bleibt die Zeit voll Weh und Traurigkeit. Kein Wunsch, kein inniges Flehen wird unser Töchterchen zurückverwandeln ins

Leben an unserer Seite und uns erlösen, auf dass wir wieder glücklich sind. Soviel wir versuchen, unseren Verstand einzusetzen, um zu funktionieren, so viel weinen wir auch. Unser Leben gehört Gott, und wir müssen es ertragen – ohne unser Kind? Werden wir die Zeit verstreichen lassen und auf die glückselige Gottesschau im Jenseits warten, wo Gott »alle Tränen abwischt«? Bis zu Freyas Tod waren wir sicher gute Gebrauchsgläubige, nicht mehr und nicht weniger. Unseren Glauben haben wir immer noch, sogar mehr denn je, denn er hat uns in den schwersten Stunden geholfen. Aber unsere Gedanken, unsere Sehnsucht und unsere Liebe prallen gegen eine unsichtbare Wand, wie gegen das Ende des Horizonts, den unsere Augen erblicken. Weiter können wir einfach nicht schauen. Aber hinter dem Horizont, da gibt es einen Ort, der unseren Augen verschlossen ist. Darum müssen wir sicherlich glauben, aber gewiss auch verstehen lernen, müssen weiter schauen. Warum sonst hat uns Gott mit Verstand und Sprache ausgestattet?

Und in diesen Sekunden weiß ich: »*Ja, es ist mutiger, weiterzuleben! Und mit diesem Vertrauen und mit all meiner Liebe werde ich nun intensiver nach dem Göttlichen und nach Freyas Seele suchen, sowohl im Leben als auch im Leben nach dem Tod. Wenn ich hinübergehe, so gehe ich voller Hoffnung, Gewissheit und leichten Herzens; und ich bin sicher, dass dies ein Teil unserer Erfahrungen ist, die wir auf der Erde zu sammeln haben!*«

So haben mich die Worte der Nachbarin damals zwar verletzt und traurig gemacht, aber ihre Unbeholfenheit und auch Thomas' und meine (Todes-)Sehnsucht haben mir deutlich vor Augen geführt: Ich darf die Geschehnisse nicht einfach nur akzeptieren, ich muss sie hinterfragen, muss irgendwie versuchen nachzuforschen. Und als Erstes werde ich ergründen, warum mich diese innere Stimme davor warnt, unserem Kind zu folgen. Und dann erinnere ich mich ...

Wir haben eine wirklich große Ansammlung von Beileidsbekundungen erhalten. Viele liebe Worte wurden uns gesandt, und alle berühren unser Herz. Sind da nicht auch zwei Bücher, die uns geschenkt wurden? Ich nehme das erste Buch zur Hand, das zu der allgemein üblichen Trauerliteratur zählt. Eine Mutter berichtet über den Verlust ihrer jugendlichen Tochter. Als Einstiegslektüre für frisch verwaiste Eltern erweist sich das Buch jedoch sehr schnell als absolut ungeeignet. Ja, teilweise habe ich es sogar als eine Zumutung empfunden. Spätestens als ich lese »Solange du noch weinst, hast du nicht genug Liebe, um dein Kind loszulassen ...«, feuere ich es entsetzt in die Ecke. Das andere Buch ist ein Geschenk unserer Freundin Birgit A., die sich in der Kinder-Aids-Hilfe engagiert. *Über den Tod und das Leben danach* lautet der Titel der Schweizer Ärztin Dr. Elisabeth Kübler-Ross, deren Sterbeforschung ihr weltweit Anerkennung zukommen ließ. In einfühlsamer und ehrlicher Weise stellt sie ihre Erkenntnisse von todesnahen Erlebnissen bei klinisch toten Menschen dar, die dann ins Leben zurückgerufen wurden, sowie die Sterbebettvisionen ihrer (überwiegend kleinen) Patienten. Selbst wenn ich dort keine direkte Antwort auf meine Fragestellung »Todessehnsucht« finde, mit diesem Buch hat sie mein Innerstes berührt und mich ermutigt, mich mit dem Thema eingehender zu beschäftigen.

Und dann sehe ich das Buch *Der Mann mit den zwei Leben* von Robert A. Monroe auf Thomas' Nachttisch liegen. Ich erinnere mich, dass er kurz nach dem Tod seines Vaters aus dem Bücherregal verschiedene Bücher hervorgeholt hat, die sich mit dem Weiterleben nach dem Tod auseinandersetzen. Ein Thema, mit dem sich Thomas eigenartigerweise bereits in seiner frühen Jugend beschäftigt hat. Nun ist es nicht etwa so, dass er dieses Wissen vergessen hat. Jedoch stelle ich an anderen und schließlich auch an mir selber fest, dass unsere Natur bei tragischen Ereignissen oder beim Tod eines geliebten Menschen manch fundamentale Dinge infrage stellt, die wir bis dahin so selbstverständlich verinnerlicht haben. Werte, die wir wieder zurechtrücken müssen, damit sie ihre alte Gewissheit und Selbstverständlichkeit (und/oder sogar mehr als das) zurückerhalten.

Thomas' Bücher sowie das Buch der Sterbeforscherin Dr. Kübler-Ross und ihr Beweis für das (Weiter-)Leben nach dem Tod sind nun der endgültige Einstieg, mich mit dem Thema *Leben, Tod und Leben nach dem Tod* in einer vielleicht eher unorthodoxen Weise zu beschäftigen. Und im Nachhinein wird deutlich, wie wichtig und gut es gewesen ist, mich mit den quälenden Fragen und Nöten angesichts des Todes unseres Kindes intensiv auseinanderzusetzen und damit weitestgehend »aktiv« zu bleiben.

Das Erste, was ich zu unserem Problem (Todes-)Sehnsucht erfahre, lässt mich aufschrecken oder vielmehr meine bisherige Unsicherheit noch größer werden. Da erzählen Menschen, die zum Beispiel nach einem Unfall kurzzeitig klinisch tot oder sogar hirntot waren, von dem Moment, als sie an der Schwelle zum Tod standen. Sie erzählen von wundervollen Visionen und Erlebnissen, die sie während dieser »Reise« gemacht haben. Aber ihnen gegenüber stehen die Erzählungen derjenigen Menschen, die nach einem Suizidversuch an der Todesschwelle standen und die gleichfalls ein Todesnäheerlebnis oder Sterbevisionen gehabt haben.

Die Erlebnisse der Menschen nach Suizid allerdings sind so erschreckend, dass sie danach allesamt berichten, erkannt zu haben, dass ihr Freitod ein Fehler war, den sie auf gar keinen Fall wiederholen würden. Ihren Erzählungen zufolge befanden sie sich in diesem todesnahen Erlebnis in einer Art nebeliger Schattenwelt, in der Dunkelheit und Ungewissheit vorherrschen und es weder Licht, Schönheit noch Harmonie gibt, in einer Grauzone zwischen dem Diesseits und dem Jenseits. Ihr Problem, das sie ja eigentlich durch den Suizid lösen wollten, trugen sie auch dort weiterhin mit sich herum, manchmal sogar in noch stärkerer Form, was sie verzweifelt umherirren ließ. Orientierungslos und nicht fähig, etwas an ihrer Situation zu verändern, waren sie die bereits von mir erwähnten unerlösten »armen Seelen«, denen wir unsere Gebete widmen. Nun gilt dies sicher nicht für jeden Tod aus eigener Hand. Dennoch ist der Freitod nicht die Lösung – im Gegenteil –, er zieht noch größeren Kummer nach sich. Ein Tod aus eigener Hand wird unser Problem nicht lösen – und vor allen Dingen bringt er uns nicht dorthin, wonach unsere Sehnsucht verlangt, nämlich zu den Liebsten, die uns vorausgegangen sind. Wir würden sie dadurch vorerst nicht wiedersehen, dessen bin ich mir sicher. Thomas und ich müssen einen anderen Weg finden, um unserem Kind nahe zu sein, ihm (täglich) zu begegnen. Und dass es andere Wege gibt, das zeigt mir ein ganz besonderes Erlebnis ...

... FREYA IST GERADE EINMAL eine Woche tot, und wir sind unendlich, unendlich traurig. Vom Wohnzimmer aus schaue ich wehmütig durch die Terrassentür hinaus in den Garten. Die Sonne scheint. Ich blicke zu dem Busch hinter den Rosen, auf das schattige Fleckchen, wo Freyas kleiner Körper lag, den ich vor wenigen Tagen noch streicheln durfte. Dort im Gras steht jetzt eine kleine Glasvase, in die ich jeden Morgen eine Rose stelle. Ringsumher liegen zahlreiche Rosenblätter, die ich in den Beeten einsammle und danach verstreue – Rosenblätter, die nur zehn Tage zuvor unser kleines Mädchen fröhlich mit mir aufgesammelt hat (»*Lau mal, Mami, ... riecht gut!*«). In Gedanken bin ich bei unserem Kind, halte es in meinen Armen und ... ja, ich spreche mit ihm ...

Plötzlich taucht hinter dem Busch das kleine Kätzchen auf, dem unsere Tochter gefolgt ist. Munter springt es im Garten umher. »Oh, mein Gott«, reißt es mich aus meinen Gedanken, »das kleine Kätzchen ist da ...« Im ersten Augenblick irritiert es mich, und gleichzeitig stelle ich fest, dass es das erste Mal seit dem Tod unseres Kindes ist, dass das weißbraun gescheckte Kätzchen wieder in unserem Garten aufkreuzt. Tränen steigen in meine Augen, während ich es beim Herumtollen beobachte. »Wie hübsch es ist ...«, denke ich, »... kann ich diesem niedlichen Knäuel böse sein?« Nein, im Gegenteil, es rührt mein Herz, wie ich es dort so unbekümmert spielen sehe. Plötzlich springt es links aus meinem Blickfeld. Ich öffne nun doch die Terrassentür, um zu schauen, wohin es läuft, und zucke zusammen. Da sitzt es, unmittelbar neben Freyas Sandkasten, in dem sich noch ihre Sandeimerchen und Schaufeln befinden, mit denen sie an diesem Tag gespielt hat, und von dem nun eine erbarmungslose Einsamkeit ausgeht. Ganz ruhig sitzt es dort und schaut mich aufmerksam und irgendwie erwartungsvoll an. »Was mache ich jetzt?«, frage ich mich und gehe gleichzeitig ein paar Schritte auf das Kätzchen zu.

Ich weiß nicht wirklich, was ich mit dieser Begegnung anfangen soll, denn natürlich verspüre ich nicht im Geringsten das Bedürfnis, das Kätzchen zu streicheln. Und dennoch rührt es mich, wie es so aufmerksam neben dem Sandkasten sitzt. Und dann höre ich mich sprechen: »Ach, kleines Kätzchen. Komm, zeig mir den Weg. Zeig mir den Weg, den Freya gegangen ist ...« Da steht es auf und trottet auf mich zu. Ich schrecke erneut zusammen, weil ich auch damit nicht gerechnet habe. Kurz vor mir hält es inne, wechselt die Richtung und läuft langsam in die Mitte des Gartens. Hier verharrt es hinter den verstreuten Rosenblättern und dreht das Köpfchen zu mir. Intuitiv gehe ich abermals auf das Kätzchen zu, denn irgendetwas in mir sagt, dass ich seiner Aufforderung folgen soll. Als ich mich bei ihm einfinde, erhebt es sich und trottet langsam den Garten hinauf in Richtung Gartenzaun. Noch immer folge ich ihm, mit verhaltenen Schritten, denn meine innere Stimme lässt mich erahnen, was weiter geschehen wird.

In diesem Moment erscheint Thomas hinter mir, der mich ängstlich ruft und nach meinem Vorhaben fragt. Ich drehe mich kurz beruhigend zu ihm um und gehe weiter. Doch Thomas folgt mir, währenddessen das kleine Kätzchen sich unter der Tür des Gartenzauns durchschlängelt. Ohne weitere Erklärung bitte ich Thomas, das Gartentor zu öffnen. Wir gehen hinaus und stehen nun auf dem Spazierweg. »Wo ist das Kätzchen hingelaufen?«, frage ich. Und dann sehen wir es vor uns. Es läuft hoch zu dem Bahngleis und bleibt mitten auf den Schienen regungslos sitzen und schaut uns an. Traurig betrachten wir das Gleis mitsamt dem verharrenden Kätzchen und halten uns fest an den Händen ... In der Ferne hören wir den herannahenden Zug, den auch das Kätzchen zu bemerken scheint und sich erhebt. Wortlos gehen wir zurück ins Haus.

145

Im Anschluss an dieses aufwühlende Erlebnis erzähle ich Thomas, dass ich mich gefragt habe, welcher Weg Freya auf das Bahngleis geführt hat, welchen Pfad sie in den Tod gegangen ist. Eine von vielen Fragen, die ich in all meinen Gedanken mehrmals bewegt habe – vielleicht, weil ich, ihre Mami, in diesen schlimmen Minuten nicht bei ihr war? Bis zu diesem Augenblick, als plötzlich und vollkommen unerwartet das Kätzchen wieder im Garten aufgetaucht ist, hatte ich nicht den Mut, Thomas danach zu fragen, geschweige denn zu dem Gleis zu gehen, um einen fragenden Blick darauf zu werfen.

Selbst wenn es unwichtig erscheinen mag zu erfahren, welchen Weg unser Töchterchen genommen hat, so bin ich trotzdem dankbar, diese eine Frage beantwortet zu wissen und die letzten Schritte unseres Kindes nun zu kennen, ihre letzten Lebensminuten ein wenig nachempfinden zu dürfen. Indem ich meiner Intuition und dem Kätzchen gefolgt bin, habe ich überdies die beruhigende Gewissheit, dass das letzte Bild, das unser Kind von dieser Welt mitgenommen hat, der Anblick eines zauberhaften, wenige Wochen jungen Kätzchens gewesen ist.

Das Kätzchen haben wir seit diesem Tag nicht mehr gesehen. Und ich gebe zu, dass ich es nach unserer letzten Begegnung tatsächlich vermisst habe. Wie wir später erfahren, ist es wenige Wochen, nachdem es auch uns an das Gleis geführt hat, von einem Auto erfasst worden. Seitdem habe ich manchmal das innere Bild von unserem kleinen Mädchen, wie es auf einer grünen Blumenwiese mit einem kleinen weißbraunen Kätzchen spielt.

Zählt auch dieses Erlebnis zu den »zufälligen« Ereignissen? Nein! Ich bewerte die Begegnung mit dem Kätzchen als einen Anstoß – den es manchmal ganz einfach braucht –, unserer Intuition zu folgen, die Ratio zuweilen weniger wichtig zu nehmen als das Gefühl. Und mehr und mehr lehren mich die unterschiedlichen Erlebnisse und Ereignisse, die kleinen und großen, manchmal außergewöhnlichen und oftmals alltäglichen Geschichten, wie wichtig es ist, die Sinne zu entfalten und weiterhin *fein achtzugeben*, um bestimmte (nicht zufällige) Geschehnisse wahrnehmen zu können.

So hat sich auch das Verständnis des Gute-Nacht-Liedes, sein Sinngehalt gewandelt. Wie oft habe ich seitdem unser Lied leise am Grab gesungen. »[...] *und Mami und Papi, die geben fein acht ...*« Wenn ich diese Zeilen heute für unser Töchterchen singe, verstehe ich sie in einer anderen Weise. Nicht mehr als Gelöbnis an unser Mädchen, dass wir fein auf sie achtgeben, denn wir haben Freya und ihr neues Leben in die Hände Gottes gegeben. Nein, nun verstehe ich diese Worte als eine Aufforderung an uns, *auf die Zeichen zu achten*. Und gleichzeitig verbinde ich damit meine Bitte an den Himmel: »Bitte helft uns, dass wir uns nicht in unsere Trauer verschließen. Helft uns, alle Zeichen und Botschaften wahrzunehmen, dass wir *fein achtgeben* lernen, um die Zeichen zu bemerken, die ihr uns gebt!« Denn ich bin zuversichtlich in dem Wissen, dass unser Kind und all die Lieben, die uns vorausgegangen sind, uns in unseren Gedanken und Gefühlen, aber auch durch sichtbare Zeichen oftmals spüren lassen möchten, wie nahe sie uns sind. Und ich weiß, um das zu erkennen, müssen wir unsere Sinne ganz und gar fein sensibilisieren.

Und tief in meinem Innern drängen liebevoll Antworten, die in all der Traurigkeit zu trösten vermögen. Denn vorerst sind da noch immer Fragen, viele Fragen. Die substanziellste von allen wäre sicher die Frage »Warum?«, die auch von meiner Freundin Ramona erschüttert in unserem Blauen Buch formuliert wurde. »*Warum? ... wo du doch so viel Liebe gebracht hast ...*« Aber Freya hat die Antwort auf diese eine Frage selbst gegeben, weshalb wir nie nach dem »Warum?«

gefragt haben und Gott zu keiner Zeit böse waren oder ihren Tod gar als »gerechte Gottesstrafe« (für was?!) empfunden hätten. Im Gegenteil, dass unser Kind stets so selbstverständlich und innig von Gott gesprochen hat, ist für uns weit mehr noch als eine Botschaft. Es ist ein festes Versprechen, ein Schwur. Es ist die Grundlage, aus der wir Sicherheit und Kraft beziehen.

Auf unsere (anderen) Fragen finden wir Antworten in der Literatur, aber auch im alltäglichen Geschehen. Oft sind es Antworten, die wir in unseren Gedanken oder Gefühlen und in Begegnungen wahrnehmen. Wie die Geschichte mit dem jungen Kätzchen. So begreifen wir mit der Zeit, dass wir lernen müssen, auch die intuitiven Antworten als tatsächlich gleichwertige Antworten zuzulassen, sie ganz einfach anzunehmen, ohne sie zu bewerten, selbst wenn das nicht immer leicht ist. Dafür möchte ich ein kleines Beispiel wiedergeben, das mich in meiner Trauer tröstend berührt hat.

Überraschend, wie aus heiterem Himmel (?), denke ich immer wieder an meine Großmutter. Immer öfter taucht das Bild von Omi Antonia vor meinem inneren Auge auf, und ich empfange dabei ein besonders warmes, zärtliches Gefühl. Wie ich eingangs in diesem Buch erzählt habe, ist meine Großmutter sehr früh gestorben, meine Mutter war damals gerade einmal fünfzehn Jahre alt. Mit anderen Worten, ich habe meine Großmutter nicht kennengelernt, sondern allein meinen Großvater Opa Anton, auf dessen Bauernhof ich die ersten Kindheitsjahre verbracht habe. Und doch, Anton und Antonia, das klingt für mich bezaubernd, und zauberhafte, engagierte Menschen sollen es auch gewesen sein. Ich kenne meine Großmutter nur von den aufregenden, ja beinahe schon legendenhaften Erzählungen. Und ich erinnere mich an eine Erzählung, die mich als Kind ungemein beeindruckt hat.

Mein Großvater war zum Kriegsdienst eingezogen worden und in Frankreich stationiert, sodass meine Großmutter den Hof und ihre fünf Kinder allein versorgen musste. Dennoch nahm sie viele Flüchtlinge auf, die der Krieg um Hab und Gut gebracht hatte. Irgendwann waren auch auf dem Hof die Vorräte an Mehl und Butter erschöpft. Da fuhr meine Großmutter beherzt mit ihrem Fahrrad nach Billerbeck, um dort die fehlenden Lebensmittel zu organisieren. Trotz Luftangriff und Bombenhagel radelte sie viele Kilometer, um ihre Familie und die Flüchtlinge zu versorgen. Diese und andere Geschichten umgeben Omi Antonia. Aber warum muss ich gerade jetzt immer wieder an meine Großmutter denken? Ich kann es mir nicht erklären ...

Wir sind zuversichtlich in dem Glauben, dass unser Kind sich jetzt in einer bezaubernd schönen und friedlichen Welt befindet. So müssen wir auch denken, denn jede andere Vorstellung würde uns um den Verstand bringen. Wann immer ich mit unserem Kind spreche und ihm etwas aus ganzem Herzen wünsche, ist dies der inständige Wunsch, dass es in der jenseitigen Welt, im Paradies tatsächlich so ist, wie uns die großen Kunstschöpfenden lehren, nämlich unbeschreiblich strahlend und erfüllt von unendlicher Liebe. Ja, ich wünsche unserem Kind, dass es im Himmel noch Millionen und abermals Millionen Mal schöner, liebevoller und glückseliger ist als auf der Erde, bei Mami und Papi. Aber es nagen Unsicherheiten an meinem sehnsuchtsvollen Herzen. »Was hat Freya bei ihrem Übergang in die andere Welt gesehen, was hat sie empfunden? War es leuchtend schön und friedvoll? Oder war sie aufgeregt und hatte Angst?« Ein unvorstellbares Gefühl, dass unser Kind vielleicht Angst gehabt haben soll. Das ist überhaupt die quälendste aller Fragen: »Hatte Freya Angst?«

Ach, wie gerne möchte ich in den Himmel schauen können – nur um zu sehen, dass es unserem Kind gut geht, das wäre genug zu wissen, und ich wäre beruhigt. »*Ein Blick, geliebtes Leben! Und ich bin belohnt genug.*« (JOHANN WOLFGANG VON GOETHE) Die Rückkehr in die Einheit mit Gott, die Rückkehr nach Hause, ins Paradies ist in der christlichen Lehre ein Prozess, den jeder *allein* zu gehen hat. Aber unser kleines Mädchen war keine achtzehn Jahre alt, weder vierzig noch gar achtzig, sondern gerade einmal zwanzig Monate jung. Ein Kleinkind, eigentlich noch ein Baby, und damit nicht erwachsen genug, um selbstständig zurechtzukommen. Das ist meine Angst, die Sorge, die mich beschäftigt. Welch trauriges Fantasiebild zieht da in meiner Vorstellung vorbei – da geht ein kleines, schutzbefohlenes Mädchen allein auf die Reise ... Ich bin froh, dass mein Gefühl dafür gesorgt hat, dass sich dieses Schreckensbild nicht in meinem Kopf einnistet.

Gott lässt kein kleines Kind allein und ängstlich auf Reisen gehen. Ich bin sicher, der Schutzengel hat unser Mädchen auf seinen Armen hoch in den Himmel getragen. Ein freundliches Bild. Und nun? Wer kümmert sich nun um unser Kind? Thomas' Vater? Denn es gibt ja zwischen Freya und ihrem Opi Klaus ein so enges Band, das die beiden miteinander verbunden hat. Und wie aus heiterem Himmel taucht erneut das Gesicht meiner Großmutter vor meinem inneren Auge auf. Just in dem Moment, in dem ich diese bange Frage in mir bewege, erhalte ich ganz unvermittelt die beruhigende Antwort: »Omi Antonia!« Ja, meine gütige Großmutter, sie kümmert sich um unser Kind, damit es sich in seiner neuen Umgebung schnell zurechtfindet. Und allein dieses *Wissen* lässt mich ruhig sein.

Seit diesem Erlebnis ist meine Großmutter immer wieder einmal gegenwärtig, gleich so, als ob sie uns einen kurzen Gruß aus dem Himmel schickt ... Meine Mutter und ich telefonieren beinahe täglich. Noch immer kämpft sie tapfer gegen den Krebs. Aber natürlich weiß sie, dass der Krebs ihr vielleicht nur eine Verschnaufpause gönnt und sich das Krankheitsbild sehr wohl wieder verändern kann. Auch deshalb grenzt sie das Thema »Leben und Sterben, Tod und Leben nach dem Tod« nicht aus, sodass wir uns ehrlich und aufrichtig über *Angst und Hoffnung, Mut und Wachstum*, also über unsere empfindsamsten Gedanken, Gefühle und Erlebnisse austauschen.

An einem Freitagnachmittag im Juli telefonieren wir und sprechen über Engel. »Weißt du, Mutti, du solltest deinem Schutzengel einen Namen geben. Das macht den Kontakt und das Gespräch mit ihm doch viel persönlicher, findest du nicht auch?« »Ja, du hast recht«, antwortet meine Mutter. »Aber woher soll ich wissen, wie mein Schutzengel heißt? Welchen Namen kann ich ihm geben?« Spontan frage ich: »Wie gefällt dir der Name Elisabeth?« »Oh, Elisabeth gefällt mir gut. Das ist wirklich ein schöner Name.« Es folgt eine kleine Pause und schon spricht sie den Gedanken aus, den sie unwillkürlich mit dem Namen verbindet: »Weißt du eigentlich, dass deine Großmutter an dem Namenstag *Elisabeth* geboren wurde? Ja, am 19. November, dem Gedenktag der heiligen Elisabeth[1].« »Ach was ...«, staune ich, denn ich habe mir nie zuvor Gedanken über das Geburtsdatum von Omi Antonia gemacht. »Das ist ja wirklich unglaublich. Aber dann kann dein Schutzengel doch gar nicht anders heißen!« Für meine Mutter und mich ist damit eindeutig geklärt: ihr Schutzengel heißt Elisabeth. Ich muss lächeln. Mir hätte jeder Name einfallen können, von Anna bis Zacharias. Aber nein, ich habe an Elisabeth gedacht, der Namenstag, an dem Omi Antonia geboren wurde. Und hat meine Mutter nicht erst vor wenigen Tagen selbst einen weiteren Geburtstag feiern dürfen? »Danke, Omi Antonia! Danke, Elisabeth!« Das ist der Anfang der Geschichte ...

---

[1] Tag der Namenspatrone [Heilige Elisabeth (von Thüringen), u.a. auch Patronin der Witwen und Waisen]

Am Samstag sitze ich im Halbschatten auf der Terrasse und lese, als eine Nachbarin hinter dem Garten mit ihrem Hund spazieren geht. Freundlich grüßt sie mich, und ich laufe über den Rasen, um wie immer ein paar Worte mit ihr zu wechseln. Manchmal setzt sie sich für einige Minuten zu mir auf die Terrasse. Heute jedoch unterhalten wir uns am Gartenzaun. Nachdem wir einander ein schönes Wochenende gewünscht haben, schlendere ich über den Rasen zurück zu meinem Buch. Und da sehe ich es: Inmitten des Grün wächst ein einziges zartgelbes Hornveilchen, schwer zu entdecken in dem hohen Gras, das Thomas heute noch mähen will. Ich beuge mich herunter, um es genauer zu betrachten. Wie zart und anmutig es ausschaut. »Sehr seltsam, dass plötzlich ein Hornveilchen in unserem Garten wächst?!«, denke ich und laufe den Rasen ab, um zu schauen, ob weitere Hornveilchen zu finden sind. Aber ich kann kein weiteres entdecken. Ich zeige es Thomas und bitte ihn, um das kleine Hornveilchen herumzumähen. Und er tut mir natürlich den Gefallen.

Meine Mutter ruft an, und ich frage sie schmunzelnd: »Hast du heute schon mit Elisabeth gesprochen?« Meine Mutter lacht und fragt nach unseren Plänen für das Wochenende. »Wir haben uns nichts vorgenommen, werden die Tage zu Hause verbringen. Ich werde weiter an meinem Manuskript schreiben und Thomas wird ganz sicher Noten malen.« Und dann erzähle ich ihr, dass er gerade den Rasen mäht und ich soeben ein einziges, kleines zartgelbes Hornveilchen entdeckt habe, um das Thomas nun sorgfältig herummäht. »Ein Hornveilchen?«, fragt meine Mutter nachdenklich. »Weißt du, dass Pfingstrosen, Stiefmütterchen und Hornveilchen zu den Lieblingsblumen deiner Großmutter gehört haben?« Richtig! Jetzt erinnere ich mich, dass meine Mutter vor vielen Jahren einmal die Lieblingsblumen meiner Großmutter aufgezählt hat. Wenn es mich auch als Kind nicht sonderlich interessiert hat, so bin ich jetzt natürlich entzückt, dass ausgerechnet Hornveilchen zu Omi Antonias Lieblingsblumen gehören.

Nachdem der Rasen gemäht ist, setzt sich Thomas zu mir, und wir schauen gemeinsam in den Garten. Ist das kleine Hornveilchen vorher im hohen Gras kaum ins Auge gefallen, schaut es nun prominent aus dem Rasen hervor. Ja, ein wirklich eigentümlicher Zufall (?), dass ich es überhaupt in dem hohen Gras entdeckt habe. Thomas und ich schauen uns an. In all den Jahren, die wir mittlerweile hier wohnen, ist noch nie ein Hornveilchen auf dem Rasen gewachsen. Und das kleine Veilchen, es wächst genau dort, wohin Thomas damals Freyas Körper getragen hat. Ja, genau dort hat er unser Kind hingelegt ... Genau dort habe ich es noch streicheln dürfen und zwei Sommer lang Rosenblätter verteilt, bis der Frost die kleine Glasvase zerspringen ließ, und ich dachte, nun ist es genug ... Aber ich hätte das Hornveilchen nicht entdeckt, wäre da nicht unsere Nachbarin am Garten vorbeispaziert.

Zweifelsfrei handelt es sich hier um ein synchronistisches Ereignis. Wäre ich nur einige Zentimeter weiter an dem Veilchen vorbeigelaufen, hätte ich es zwischen den Grashalmen nicht entdecken können. Aber was für eine Rolle spielt das? Tatsache ist, dass ich es bemerken sollte! Das steht ganz außerfrage. Und eine weitere Tatsache: Es ist eine Lieblingsblume meiner Großmutter. Ich habe das kleine Hornveilchen fotografiert, wie ich so manche Kleinigkeit fotografiere, die meine Aufmerksamkeit erregt. Und bis zum Spätherbst des Jahres mäht Thomas ständig um unser kleines Hornveilchen herum ...

IST ES WIRKLICH MÖGLICH, dass wir ein vorbestimmtes Schicksal erahnen? Es muss so sein. Dafür sprechen auch die Vorahnungen meiner beiden Brüder.

Am Abend vor der Beisetzung hatten sich alle nahen Familienmitglieder bei uns eingefunden, auch mein Bruder Alfred. Er ist spürbar traurig, tieftraurig. Aber da scheint noch etwas anderes zu sein. Schließlich nimmt er mich zur Seite, um mir zu erzählen, was ihn beschäftigt. Er war mit seiner Frau und den beiden Kindern in den Ferien an der Ostsee und hatte für einen bestimmten Ferientag einen Ausflug geplant. Eine Schiffsrundfahrt, auf die sich alle sehr gefreut haben. An dem Nachmittag jedoch, als sie den Ausflug starten wollen, beschleicht Alfred urplötzlich ein beklemmendes Gefühl. Eine dunkle Ahnung, dass irgendetwas Furchtbares geschehen wird. Das Gefühl ist so stark, dass er beschließt, den geplanten Familienausflug ausfallen zu lassen, um den Rest des Tages in der Nähe des Appartements zu verbringen. Es war der Tag, an dem Freya gestorben ist ...

Die Empfindungen meines Bruders haben mich umso mehr bewegt, da er ein sensibler, aber dennoch sehr rational handelnder Mensch ist, der als Betriebswirt zuallererst auf analytisches Denken ausgerichtet ist. Warum aber hatte er hier intuitiv reagiert? Wie sollte ich das je anders bewerten, wenn nicht als eine eindeutige Vorahnung.

Auch Stefan trauert mit uns, hüllt sich aber eineinhalb Jahre in Schweigen, bis zu dem Tag, als er an einem Fachseminar in München teilnimmt. Zu Stefan, der in meiner frühesten Kindheit Spielkamerad und Freund war, habe ich noch heute eine sehr enge Bindung, und ich freute mich ungemein auf das Wiedersehen. Thomas und ich treffen uns mit meinem Bruder in München. Nach einem verregneten Sightseeing kehren wir in eine Gaststätte ein. Unsere Unterhaltung nimmt einen Verlauf, bei dem wir über das Leben und schließlich auch über den Tod und unsere Erfahrungen sprechen. Stefan wird still, als ich ihm von verschiedenen Vorzeichen erzähle. Nur einen Augenblick später bricht er sein Schweigen und erzählt uns einen

Albtraum, den er hatte. In diesem Traum sah er den Tod eines kleinen Kindes. Zwar konnte er das Gesicht des Kindes nicht erkennen, aber er fühlte eine enge, verwandte Beziehung zu ihm. Der Traum hatte ihn nicht nur sehr erschreckt, sondern geradezu ein blankes Entsetzen in ihm ausgelöst. Und weil er den Traum als eine schauderhafte Vorahnung sah, die – wenn laut ausgesprochen – vielleicht das furchtbar Geträumte einleiten könnte, hatte er mit niemandem über seinen Angsttraum gesprochen.

Als unser Töchterchen in der darauffolgenden Woche starb, war ihm das Traumgeschehen noch immer plastisch vor Augen. Sofort wurde ihm klar, dass das Kind in dem Traum seine kleine Nichte gewesen war … Ich bin erleichtert, dass Stefan endlich darüber gesprochen hat, lange genug schließlich hat ihn das Schreckgespenst beschäftigt, und ich wünsche mir, dass die Bilder seines Angsttraums für immer verflogen sind. Doch der Traum? Für mich zweifelsfrei wiederum eine emphatische Vorahnung.

Aber selbst wenn meine Brüder ihre Intuition oder ihren Traum hätten definieren können oder wenn wir von ihren Vorahnungen gar gewusst hätten, es hätte an dem grundsätzlichen Geschehen nichts verändert. Unsere Tochter sollte heimkehren, das war die Vorsehung, der Gottes- und Lebensplan. Die »Vorausschau« meiner Brüder jedoch zeigt mir, wie empfindsam unsere Seelen miteinander verbunden sind.

Nun beschäftige ich mich intensiver mit dem Lebens- oder Gottesplan, unserem Schicksalsfaden, der so fein gesponnen scheint. Ja, da hat es zweifelsohne Vorzeichen gegeben, dass unser kleines Mädchen von dieser in die jenseitige Welt gehen wird. Und die Worte unseres Kindes über den lieben Gott waren ganz sicher der bedeutsamste Hinweis. Aber da war mehr. Immer wieder blicke ich zurück, träume ich rückwärts von der Zeit mit unserem Kind und erfahre Antworten.

Dass unser Töchterchen seinen nahenden Tod erahnt hat, ist eine schmerzhafte Einsicht, ein eigenartiges Begreifen. Natürlich hat sie nicht »gewusst«, dass sie sterben wird, aber ganz tief in ihrem Innern, in dem, was man das Unbewusste nennt, dort muss sie es gefühlt und vielleicht sogar »erinnert« haben. Selbst wenn wir unsere Kinder stets mit großer Liebe und Aufmerksamkeit beobachten, so werden von uns bestimmte Hinweise in den Momenten, da sie uns gegeben werden, oft nicht als solche beachtet oder erkannt. Wir finden es dann eher niedlich oder sind gerührt, greifen aber sofort zu rationalen Erklärungen. Und wenn wir in unserer Verstandesbibliothek nichts Erklärendes finden, stellen wir die Frage lieber zurück und verzichten erst einmal auf eine Antwort. Eine *übersinnliche* Antwort, die wir als unpopulär oder unwissenschaftlich empfinden, lassen wir gar nicht erst zu. Unsere Gesellschaft hat uns eben nicht dazu erzogen, Zeichen zu akzeptieren, die auf den ersten Blick gewöhnlich und alltäglich scheinen, aber beim genaueren Hinsehen so eindeutig auffällig und nicht alltäglich sind.

Dass auch ich »gesellschaftsfähig« reagiert habe, wurde an den Erlebnissen sichtbar, die wir mit unserem Kind und dem kleinen schwarzen Aktenkoffer oder den Farbstichen aus dem Nachlass von Klaus gemacht haben. Auch ich habe damals die einzig erklärende, weil übersinnliche Antwort nicht wirklich zugelassen. Ich wollte einfach nicht wahrhaben, dass unsere Tochter ihren verstorbenen Großvater gesehen hat, dass sie noch mit einem Fuß im Himmel war. Aber jetzt, wo das Schicksal seine grausamste Karte gespielt hat und nur noch existenzielle Fragen bleiben, bewegen mich Erlebnisse und Geschehnisse, die retrospektiv nur mit einer sensitiven Anschauung erklärbar sind, die ganz einfach nach einer ungewöhnlichen Antwort verlangen, weil es keine andere Antwort darauf gibt.

So erinnere ich mich, dass Freya unmittelbar in der Woche vor ihrem Tod täglich mein Baby sein wollte. »*Freya-Maus Ma-*

mis Baby ist, ja?!«, fragt sie und schaut dabei ruhig in meine Augen. Ob auf dem Weg zu unserem Kuschelsessel oder vor dem Schlafengehen, unsere Tochter möchte mein Baby sein. Und ich wiege sie und bestätige ihr zärtlich: »Ja, Freya, du bist Mamis Baby ...« Und sie kuschelt sich freudig ein, schmiegt ihren kleinen Körper ganz fest an mich und ahmt die Laute eines Babys nach. Da schwang etwas Besonderes in ihrer Stimme mit, sodass mich ihre Worte stark berührten und ich mich schon damals fragte: »Warum sagt Freya das?« Und (natürlich) habe ich nach einer erklärbaren Antwort gesucht, die ich (natürlich) dann auch sehr schnell fand. »Na klar! Meine Schwester erwartet ihr drittes Kind. Schließlich habe ich selbst Freya erzählt, dass Tante Barbara ein Baby bekommt.« Eine Erklärung, die somit durchaus nachvollziehbar und logisch gewesen ist, insbesondere, wenn ich dabei an unsere gemeinsamen Morgenstunden denke. Freya wurde jeden Morgen früh wach. Ich hörte, wie sie in ihrem Bett herumwerkelte. Mit flötend heller Stimme sang und spielte sie vergnügt mit ihren Kuscheltieren und sprach zu den Bärchenmotiven auf dem Betthimmel und der Bettdecke. Leise ging ich zur Küche hinab, um die Milch zu wärmen. Dann stieg ich die Treppe zu ihrem Zimmer wieder hinauf, sodass Freya meine Schritte hören konnte. Ich wusste immer, was jetzt im Kinderzimmer geschah und musste schon vorher lächeln.

Sobald sie meine Schritte hörte, wurde das flötende Singen und Erzählen blitzartig unterbrochen und sie versteckte sich in ihrem Bettchen. Leise, mit angehaltenem Atem ließ Freya mich suchen. Und natürlich fand ich sie. Und sie lachte und strahlte mich an, um mir dann sofort Lämmchen und Rudi hinzuhalten, damit ich ihren beiden Lieblingen einen guten Morgen wünsche und ihnen einen Kuss gebe. Dann küsste ich unser Töchterchen, das beide Arme um mich schlang: »Guten Morgen, mein Sonnenschein ...!« Bis die Milch warm war, trug ich unser Kind durch das Wohnzimmer, und wir wünschten allen um uns herum einen guten Morgen – den Rosen in der Kaminvase, den Vögeln im Garten und natürlich Monsieur. Anschließend spazierten wir zu dem Glastisch und begrüßten mal das eine, mal das andere Familienmitglied, das sich dort mit seiner Fotografie eingereiht hat. Aber jeden Morgen grüßte Freya das Foto ihres Großvaters (*»Guten Morgen, Opi Klaus!«*) und das von ihrer Tante, die ein Kind erwartete, mit einer zärtlichen Kusshand. Da erscheint es doch durchaus nachvollziehbar und logisch, dass Freya mein Baby sein wollte?!

Doch nun denke ich nochmals über ihre Worte und das besonders anschmiegsame Verlangen in der Woche vor ihrem Tod nach. Dass Barbara ein Kind erwartete, das wusste Freya nicht erst seit einer Woche, davon erzählte ich ihr bereits lange zuvor. Jedoch erst in dieser letzten Woche, also unmittelbar bevor sie starb, wollte unser Töchterchen mein Baby sein. Gleich so, als ob sie mit dieser Aussage eine besondere Aufmerksamkeit, ein besonderes Verständnis in mir wecken wollte. Damals habe ich dieses Zeichen nicht richtig zuordnen können. Wie auch? Wie hätte ich es verstehen sollen? Aber da war wieder dieser ruhige, nahezu forschende Blick und der besondere Klang in ihrer Stimme, der mich aufhorchen ließ. Heute bin ich sicher, dass Freya ihren nahenden Tod ganz tief in ihrem Innern erahnt haben muss. *»Freya-Maus Mamis Baby ist ...«* Eigentlich heißt es ja nichts anderes als: *»Schaut her, ich bin euer Baby für immer – für alle Zeit!«* Ja, ich bin sicher, dass sie genau dieses tröstende Verständnis in mir wecken wollte, als sie mich aufforderte, sie als mein Baby in den Armen zu wiegen.

Und ist es nicht wirklich erstaunlich und verwunderlich, dass es noch heute im Kinderzimmer an diesem oder jenem Tag nach unserem Kind riecht? In manchen Momenten können wir Freyas typischen Babyduft sogar unglaublich intensiv wahrnehmen. Wenn wir wieder einmal sehr traurig sind, aber auch ganz unverhofft. Die Luft ist erfüllt von ihrem Duft, und ich weiß ... es ist ein Gruß von unserem Kind.

Aber weshalb ist unser Kind gerade an diesem Tag gestorben, als ich nicht zu Hause war? Ist denn diese Frage wirklich wichtig? Und dennoch, die Frage nimmt ihren Raum. Konnte sie nur an diesem Tag gehen, weil ich an jedem anderen Tag früher zu Hause gewesen wäre? Als ich ein Jahr später nochmals das Buch *Über den Tod und das Leben danach* von Elisabeth Kübler-Ross aufschlage, stelle ich fest, dass ich das Buch inhaltlich anders wahrnehme als beim ersten Lesen. Da sich meine Erkenntnisse, mein Wissen, ja, mein kleiner Erfahrungsschatz von Tag zu Tag erweitern, begrüße ich es mittlerweile, manche Bücher mehrmals zu lesen, dazwischen aber einige Zeit verstreichen zu lassen. Es ist spannend und aufregend festzustellen, wie sich Literatur und persönliche Erfahrungen mit der Zeit oftmals decken und ergänzen – wie die Literatur die eigenen Erfahrungen belegt oder aber die eigenen Erfahrungen die Literatur belegen. So lese ich nun nochmals einige Zeilen in dem Buch, die ich offensichtlich beim ersten Lesen überflogen habe und die mir jetzt umso deutlicher ins Auge fallen und meine Frage beantworten ... Einem Kind, das sich im Sterben befindet, fällt es oftmals schwer, ins Licht hinüberzugehen, da die Mutter das Kind zu halten versucht und das Gewissen des sterbenden Kindes dadurch mit einem Schuldgefühl belastet ist. Deshalb bittet manches sterbende Kind seine Mutter, es für eine Weile allein zu lassen. Es schickt seine Mutter regelrecht fort. Und diese Zeit nutzt es, um zu sterben ...

Zwar hat mich unsere Tochter nicht fortgeschickt, damit sie sich dem himmlischen Leben zuwenden konnte, aber unser Kind hat ebenfalls die Gelegenheit genutzt, in dem Augenblick ins Licht zu gehen, in dem ich nicht da war. So wie Thomas für den Bruchteil einer Sekunde abgelenkt wurde und nicht bemerkt hat (nicht bemerken sollte?), dass Freya dem Kätzchen gefolgt ist, so hat unser Kind die Gelegenheit für seinen Tod genutzt, als auch ich nicht zu Hause war. Durch meine Arbeit in der Krebsklinik habe ich erfahren, dass es nicht nur die Kinder, sondern auch die Erwachsenen sind, die ihre Angehörigen oft von dem unmittelbaren Übergang ausschließen, damit sie unbelastet und in Frieden gehen können.

Je mehr ich zurückblicke, desto klarer wird mir, dass unser Leben, unser Weg tatsächlich vorgezeichnet ist, weshalb wir vielleicht bestimmte Geschehnisse erahnen. Das wird nochmals deutlich, als ich die letzten Aufnahmen von unserem Töchterchen in meinen Händen halte ... Nach Freyas Tod habe ich den Film entwickeln lassen, der sich noch in der Kamera befand. Aufnahmen von unserem letzten Wochenende und vom Vorabend des Unglücks. Auch diese Bilder sollen ihren Platz in unserem Familienalbum finden. Jedes Erlebnis, jeder rührende Moment ist festgehalten, sodass heute viele Alben, gefüllt mit schönsten Erinnerungen, das kurze Leben unseres Kindes erzählen. Das Einkleben und Beschriften dieser Fotografien fällt mir schwer. Ich zwinge mich, so zu tun, als würde unser Kind noch leben. Die Beschäftigung mit den Fotoalben hatte mir immer viel Freude gemacht. Und nun ... die allerletzten beiden Bilder am Vorabend des Unglücks – Freya mit lustigen Zwergerlzöpfen im Sonnenblumenkleid, die dem kleinen Kätzchen Milch zu trinken gibt.

Und wie in einem Spiegel sehe ich mich, wie ich vor einem Jahr die Fotoalben gestalte, nachdem ich unser Kind zu Bett gebracht habe, und meine Gedanken an jenem Abend einfach so in die Ferne schweifen. Wie mir plötzlich und ohne erkennbaren Grund dieser scheußliche Gedanke in den Kopf schießt, der mich damals so tief erschreckt hat. »... vielleicht ist es einmal ganz wichtig, diese Aufnahmen zu haben ... ja, wenn nun einer von uns sterben sollte, dann sind all die kleinen und großen kostbaren Augenblicke in Bildern festgehalten ... dann bleibt eine zauberhafte Dokumentation unserer gemeinsamen Zeit ...« Deutlich erinnere ich mich an mein schieres Entsetzen und wie schnell ich diesen Gedanken an jenem Abend beiseiteschleuderte. Nichts sollte doch unser Familienglück je trüben?! Ja, der Spiegel zeigt mir ein tiefes inneres Erahnen.

Seit dem Einordnen dieser letzten Aufnahmen habe ich die Fotoalben lediglich zweimal hervorgeholt. Bei einem Besuch meiner Freundin Ramona, die so vieles mehr von Freya wissen möchte und wahrhaft Anteil nimmt, und als ich Gast in einer Talkshow war. Es braucht wohl noch Zeit, bis ich in den Alben blättern werde. Überdies habe ich festgestellt, dass ich die Fotos gar nicht anschauen muss. Wenn ich es möchte, dann sehe ich jedes, wirklich *jedes* aufgenommene und eingeklebte Bild deutlich vor meinen Augen. Und schließlich: Jeder Augenblick baut Bilder auf. Erinnerungen, die das Gehirn unaufgefordert aus dem Speicher übermittelt. Denn alle Wege, die wir gehen, sind wir zuvor gemeinsam gegangen. Alles ist Erinnerung. Jeder Raum des Hauses, der Garten und meine Rosen, der Mond, die Sterne, der »Cappuccino per la mamma«, den ich noch immer abends trinke, und selbst die freundlichen Wurstverkäuferinnen, denen wir weiterhin beim Einkaufen gegenüberstehen. Momentaufnahmen unseres Lebens, die das Herz umschließen.

Aber da ist noch eine wirklich sonderbare Entdeckung, die ich beim Einkleben der letzten Bilder gemacht habe. Auf allen Aufnahmen ist ein aufgewecktes, lebhaftes Mädchen zu sehen, aus dessen Augen der Schalk lacht. Auf diesen letzten Fotos jedoch scheint ihr Blick ganz, ganz weit entfernt von hier ... Dabei erinnere ich mich sehr genau, wie vergnügt Freya war, als ich sie im Planschbecken fotografiert habe. Und auch Thomas hatte mir erzählt, wie fröhlich Freya an jenem Vorabend dem Kätzchen zugeschaut hat. Aber die Aufnahmen spiegeln ein selbstvergessenes, traumverlorenes Gesicht. Wirklich seltsam ... Was mag ihr durch das entzückende Köpfchen gegangen sein? Wohin gingen ihre Gedanken? Hatte sie sich bereits für einen leisen Augenblick der jenseitigen Welt zugewandt?

Und dann betrachte ich nochmals unser Dornröschenfoto, das damals in dem Burghof der Götzenburg aufgenommen wurde, auf dem unser Töchterchen und seine leuchtend-reine Aura eingefangen wurden.

Wird uns mit dem Dornröschenfoto und dem Märchen Dornröschen nicht auch eine tröstende Metapher vor Augen geführt? In dem Märchen heißt es (zusammengefasst), dass sich vor Zeiten ein König und eine Königin sehnsüchtig ein Kind wünschten, aber sie bekamen keines. Da trug es sich zu, dass ein Frosch aus dem Wasser stieg und zur Königin sprach: »Dein Wunsch wird erfüllt werden. Noch ehe ein Jahr vergangen ist, wirst du eine Tochter zu Welt bringen.« Und so geschah es.

Nachdem die Königin das Mädchen geboren hatte, ließ der König ein großes Fest ausrichten. Zu dem Fest lud er auch die weisen Frauen des Landes ein. Diese waren dreizehn an der Zahl. Da er jedoch nur zwölf goldene Teller hatte, von welchen sie essen konnten, musste eine von ihnen zu Hause bleiben. Diese reagierte daraufhin so bitterböse, dass sie das Mädchen verwünschte, sich an ihrem fünfzehnten Geburtstag an einer Spindel zu stechen und tot hinzufallen. Diesen bösen Spruch konnte die zwölfte Weise lediglich mildern und wandelte den Tod in einen hundertjährigen Schlaf, in welchen das Mädchen fallen würde. Und so geschah es.

An ihrem fünfzehnten Geburtstag stach sich die Königstochter an einer Spindel und fiel in einen tiefen Schlaf, und mit ihr alle, die sich im Schloss befanden. Rings um das Schloss aber begann eine Dornenhecke zu wachsen, die jedes Jahr höher wurde und schließlich das ganze Schloss umwucherte. Viele Königssöhne versuchten, das Königstöchterchen zu befreien, doch sie konnten die Dornenhecke nicht durchdringen. Erst als die hundert Jahre verflossen waren und der Tag gekommen war, an dem Dornröschen wieder erwachen sollte, verwandelte sich die Dornenhecke in lauter große, schöne Blumen, die einen unerschrockenen Königssohn hindurchgehen ließen. Und als der Prinz das liebreizende Dornröschen schlafend liegen sah, weckte er es mit einem Kuss, sodass es die Augen aufschlug und auch alles andere Leben am Hof wieder erweckt wurde. Und sie lebten vereint und glücklich bis in alle Tage.

Was bedeutet nun das Märchen für mich in der Verknüpfung mit unserem Dornröschenfoto? *Es zeigt mir, dass wir mit unserem (vorherbestimmten) Lebensplan, unseren guten und negativen Erfahrungen und Einflüssen (leben) lernen müssen, dass wir unsere niedrige oder hohe Dornenhecke, Leid und Qualen durchstehen können, um Erkenntnis zu erlangen. Wie einst Dornröschen mit der Spindel seinen Schicksalsfaden gesponnen und sich das Schicksal gemäß der Vorbestimmung nach hundert Jahren erlöst hat, so lässt es mich hoffen, dass auch wir die Dornenhecke, die derzeit alles überwuchert, zu gegebener Zeit überwinden werden und sich unsere Dornen in Rosen verwandeln ...*

... Sosehr unser Töchterchen von den Engeln berührt wurde, so sehr haben sie wohl auch der Mond und die Sterne fasziniert. Wenn sie eine Tasse aussuchen durfte, aus der ich abends meinen »Cappuccino per la mamma« trank, dann wählte sie immer eine Haferltasse mit Mond und Sternen, einem Motiv von Paloma Picasso (eigenartig, schon wieder Picasso ...). Oftmals wurde Freya abends noch einmal aus dem Schlaf geweckt. Aber hierbei weinte sie niemals. Wenn ich zu ihr ging, stand sie erwartungsvoll in ihrem Bettchen und lächelte mich verschlafen an. Sie hatte Durst. Nachdem sie ein wenig getrunken hatte, wollte sie auf meinen Armen getragen nochmals die Sterne und den Mond am Himmel bewundern und ihnen eine gute Nacht wünschen. Dann war sie zufrieden, und ich brachte sie zurück ins Bett, wo sie gleich einschlief.

Im Kinderzimmer befinden sich an der Wand und an den Holzbalken kleine und große phosphorisierende Sterne. Diese Sterne hat Thomas zum ersten Weihnachtsfest für unser Töchterchen angeklebt. Da war es gerade vierzehn Tage alt, weshalb ich mich damals ein wenig darüber amüsierte. Aber Thomas ist zu jeder Zeit ein glücklicher und liebevoller Vater. Die Sterne haben ihren Charme, und auch ich mag sie. Auf der Wickelkommode steht eine kleine Leuchte, die wir abends eingeschaltet haben. Durch das Licht aufgeladen, beginnen die Sterne zu leuchten. Wenn wir nun den Vorhang zufallen ließen und die Lampe ausschalteten, blieb uns allein das Sternenlicht. Dann haben wir unser Töchterchen durch das Zimmer getragen, und sie streckte ihre Ärmchen, um die Sterne zu berühren und zu streicheln. Dazu haben wir das alte Volkslied gesungen:

>*Weißt du, wie viel Sternlein stehen*
an dem blauen Himmelszelt?
Weißt du, wie viel Wolken gehen
weithin über alle Welt?
Gott, der Herr, hat sie gezählet,
dass ihm auch nicht eines fehlet
an der ganzen großen Zahl,
an der ganzen großen Zahl!«

Vielleicht hatte unser Töchterchen daher diese große Affinität zum Mond und zu den Sternen, die wir jeden Abend betrachteten, sodass ich mir stets eine kleine Geschichte ausdenken musste, wenn der Himmel einmal verhangen war. Heute bedeuten die Sterne für uns mehr als nur eine schöne Analogie. *»Die Sterne sind schön, weil sie an eine Blume erinnern, die man nicht sieht ...«*, erzählt Antoine de Saint-Exupéry in seinem Buch *Der kleine Prinz*. Genauso verhielt es sich mit den Sternen, die Freya und ich manchen Abend gesucht haben. Wir wussten, sie sind da, haben sich nur versteckt. Aber irgendwo dort oben, da sind sie alle in wunderbarer Ordnung beisammen.

Noch immer schaue ich abends in den unendlich erscheinenden Sternenhimmel, und das funkelnde Leuchten begegnet meinem suchenden Blick. Dann spüre ich, dass mit unserem Kind ein weiterer Stern leuchtend am Himmelszelt aufgenommen wurde. Ein Stern, den der liebe Gott zählt und behütet. Ein Stern, der uns weiterhin sein Licht spendet, wie es unser Töchterchen in seinem kurzen Leben bereits getan hat. Und sein Leuchten will uns tröstend sagen: *»Es geht nichts verloren – ich bin bei euch ...«* Ja, ich weiß, irgendwo dort oben, im Himmel, sind sie alle in wunderbarer Ordnung beisammen.

DIE ZEIT UM DEN GEBURTSTAG unseres Kindes zählt noch immer zu den Tagen, an denen ich sehr traurig bin. Allerdings, dass sie heute bereits ein »großes« Mädchen wäre und den Kindergarten besuchen würde, im Laufe der Jahre eingeschult worden wäre, vielleicht das Gymnasium besucht, studiert und irgendwann eine eigene Familie gegründet hätte, das war und ist niemals Inhalt meiner Gedanken oder Träume gewesen und schmerzt mich weniger. Sonderbarerweise habe ich, im Gegensatz zu Thomas, zu keiner Zeit solch eine Vorausschau gewagt. Obgleich sie mir in meinen »Gesprächen« manches Mal so erwachsen, gelehrt, ja weise erscheint – in meinem Herzen ist Freya ein kleines Mädchen. Und das bleibt sie für mich, wann immer ich sie vor mir sehe.

In manchen Momenten, da wird mir schwer ums Herz. Wenn ich die singenden Kinder beim Sankt-Martins-Umzug mit ihren gebastelten Papierlaternchen sehe, wie sie sich so sehr auf ihre kleinen Laternenlichter konzentrieren, oder wenn die niedlich verkleideten und fröhlichen Kleinen an Halloween an unserer Tür nach Süßem oder Saurem klingeln, und ganz besonders, wenn ich in der Oster- und Vorweihnachtszeit in die glänzenden Kinderaugen schaue. Da benötige ich oftmals unsagbar viel Kraft, diesen Kindern in all meiner Traurigkeit fröhlich zu begegnen. Aber ich glaube, dass es uns einfach abverlangt wird, gerade in diesen Momenten, in denen andere Kinder unsere Herzen bewegen und gleichzeitig Erinnerungen und Wehmut hervorrufen, Einfühlsamkeit und Größe zu zeigen.

Manchmal frage ich mich aber dennoch, ob unser Kind nicht um viele dieser schönen und sinnlichen Augenblicke betrogen wurde? Dann befreie ich mich von den dunklen Gedanken, indem ich mich daran erinnere, wie bewusst unser Töchterchen doch ein oder zwei dieser kindlich-zauberhaften Momente erlebt hat und dass sie ein, wenn auch kurzes, so doch unbeschreiblich glückliches und strahlendes Leben mit uns gelebt hat. Und dann erinnere ich mich an die Worte unseres Freundes Walter. Worte, die mich im Nachhinein mehr getröstet haben, als ich geglaubt habe, denn damals erschien mir der Verlust untröstlich. Das ist zwar heute noch immer so, aber es hat sich vieles verändert – *wir* haben uns verändert. »*Schaut euch die Kerzen an ... Die große Kerze brennt sehr lang und spendet uns entsprechend ausgiebig ihr Licht. Die andere Kerze hingegen ist sehr klein und zart und schenkt ihr Licht nur kurz. Dafür aber brennt dieses kleine Licht wunderschön, ist von unvorstellbarer In-*

tensität und Helligkeit.« So beschrieb unser Freund Freyas kurzes, aber strahlendes Licht. Und noch immer spüren wir ihren warmen Schein, ihre Intensität und Helligkeit.

Wir haben gelernt, den Tod unseres Kindes zu akzeptieren. Und wir haben einen besonderen Weg gefunden, auf dem wir nach und nach verstehen und begreifen lernen, dass unser Kind sich zwar in einer anderen Welt befindet, dass diese jenseitige Welt aber nicht allzu weit entfernt von unserer Welt sein kann, da wir immer wieder sichtbare Zeichen erhalten. So, wie ich keines der Zeichen je vergessen werde, so deutlich erinnere ich mich an unser erstes wundersames Erlebnis beim Kerzenschein.

Es war an einem der kalten Wintertage in der Vorweihnachtszeit, wenige Tage vor Freyas Geburtstag. Unser Kind ist seit nicht einmal vier Monaten tot, und das oberbayerische Winterwonderland hat seinen Charme verloren, wird überlagert von einer tiefen Traurigkeit, die mich permanent zurückerinnern lässt. Es ist Sonntag, und dicke Schneemassen umschließen das Haus. Leise ist es um uns herum. Lediglich in der Ferne hören wir das schabende Geräusch eines Nachbarn beim Schneeräumen. Thomas und ich sitzen beim späten Frühstück. Liebevoll ist der Tisch gedeckt, und auch die beiden Kerzen auf dem Esstisch brennen. Ich habe keinen Hunger. Lustlos starre ich auf die braunen Ränder von meinem Toast. Ich denke an unser Kind und daran, wie fröhlich unsere gemeinsamen Sonntagsfrühstücke waren. Mit welch einem Appetit hat unser Mädchen genussvoll sein Ei gelöffelt und munter alles erklärt, was ihm auf dem Tisch ins Auge gefallen ist, oder uns auf die Amseln aufmerksam gemacht, die es durch das Fenster entdeckte.

Ich schaue hinaus. Hinter dem Garten sehe ich Kinder, wie sie ihre Schlitten hinter sich herziehen. Sie stapfen durch den

Schnee zum Ende des Weges, an dem sich ein kleiner Hang befindet, der großen Spaß für kleinere Abfahrten bietet. »Ach«, denke ich, »jetzt würde Freya mit uns ebenfalls lustige Schlittenfahrten unternehmen, und wir hätten alle drei riesigen Spaß ...« Die Träumerei macht mich noch trauriger, und wie immer versuche ich, diese Gedanken beiseitezuschieben und meine Fassung zu bewahren. Ich möchte nicht, dass Thomas meinen Schmerz bemerkt, der ihn dann ebenfalls noch trauriger macht. Ich bin so froh, wenn er morgens einmal nicht weinend aufsteht. Aber schon rollen die ersten Tränen. Ich versuche, sie unbemerkt wegzuwischen, aber es sind zu viele, und ich kann sie einfach nicht stoppen. Thomas greift nach meiner Hand. Seine Geste beinhaltet alles, Verständnis, Trost und Liebe.

Wie von einem Magneten angezogen, schaue ich in diesem Augenblick zur Seite auf die beiden weißen Kerzen in ihren silbernen Kerzenständern am Ende des Tisches. Und genau in diesem Moment sehe ich, wie der Schein der Kerze in dem kleineren Leuchter urplötzlich waagerecht und regungslos im Raum steht, währenddessen die zweite Kerze, in ihrem höheren Kerzenständer, weiterhin ruhig nach oben strahlt. Gebannt schaue ich auf den unglaublichen waagerechten Kerzenschein und dann in die Augen von Thomas, der weiterhin meine Hand hält. Wie warm wird mir da mit einem Mal ums Herz, welch eine Liebe umschließt mich in diesem Moment – ich spüre deutlich, dass unser kleines Mädchen bei uns ist. Wenige Sekunden später richtet sich der Kerzenschein aus seiner waagerechten Position langsam zurück in die Senkrechte. Thomas und ich sitzen da, fasziniert, regungslos, sprachlos. Als wir uns wieder gesammelt haben, sagt Thomas schließlich: »Weißt du, ich war so traurig über deine Traurigkeit. Da habe ich in Gedanken mit Freya gesprochen: ›*Mäuslein, wenn wir doch Mami nur ein klein wenig trösten könnten. Wenn du ihr doch nur ein kleines Zeichen geben könntest ...‹*, und kaum, dass ich das gedacht habe, zieht es meinen Blick auf die Kerzen.«

Ja, ich habe den waagerechten Kerzenschein gesehen, habe die Wärme gefühlt ... unser Kind war da, um mich, um uns zu trösten. Ich habe es gesehen und gefühlt, und trotzdem – schon meldet sich die Ratio und sucht wieder einmal nach logischen »weltlichen« Erklärungen, die es nicht gibt. Wieder einmal, einmal mehr muss ich lernen, meiner Intuition, der inneren Stimme, den Sinnlichkeiten zu vertrauen, um mit allen Sinnen zu empfangen, zu berühren und zu erkennen.

Einige Monate danach führt mich ein Geschäftstermin an eine westfälische Universitätsklinik, nicht weit entfernt von meinem Elternhaus. Es trifft sich, dass auch Thomas eine Besprechung mit einem Düsseldorfer Theater hat. Wir beschließen daher, gemeinsam in den Nordwesten zu reisen und unsere Termine mit einem Besuch meiner Familie zu verbinden. Die Freude bei meinen Eltern ist groß. Und da es nicht nur eine Leidenschaft, sondern größter Liebesbeweis meines Vaters ist, seine Kinder und Enkel mit einem leckeren Essen zu verwöhnen, wird schon Tage vor unserer Anreise das Menü generalstabsmäßig geplant und eingekauft, was Kühlschrank und Vorratskammer fassen können.

So sitzen wir bei einem köstlichen Abendessen beisammen, und es herrscht eine warmherzige, gelöste Stimmung. Seit langer Zeit das erste Mal, dass Thomas und ich uns von Herzen freuen und sogar ein wenig fröhlich sind. Nach dem Dessert sitzen wir noch immer am Esstisch und unterhalten uns angeregt. Es ist spät geworden. Draußen ist es dunkel, und mein Vater hat die Jalousien des Esszimmers heruntergelassen. Meine Mutter erzählt von den Großeltern, von Anton und Antonia, denn da sind noch ein, zwei Dinge, die mich brennend interessieren. Und inmitten ihrer Erzählungen fliegt plötzlich ein blitzender Lichtstrahl längs über den Tisch. Er beginnt über dem Kopf meiner Mutter, die an der Stirnseite sitzt, zieht vor meinen Augen vorbei, vielleicht fünf Zentimeter unterhalb des von der Decke herabhängenden Leuchters, und endet unmittelbar vor dem Kopf von Thomas am unteren Tischende. Ungläubig und staunend schauen wir uns an. Wir alle haben es gesehen, deutlich.

Einen Lichtstrahl mit seitlichen Lichtverästelungen, der über die gesamte Länge des Esstisches flog. Es fällt mir schwer, dieses außergewöhnlich warme, ja geradezu sanfte und dennoch leuchtende Licht mit Worten zu beschreiben, das eindeutig bei meiner Mutter begann und bei Thomas endete. Bereits in diesem Bruchteil einer Sekunde, in dem es über den Tisch fliegt, weiß jeder für sich, dass es sich nicht um ein gewöhnliches Leuchten oder Blitzen handelt. Wie auch? Und dennoch diskutieren wir, aber eigentlich rein rhetorisch. Die Fenster sind geschlossen und durch die Jalousien vollständig verdunkelt. Kein Blitz (wir hören auch gar kein herannahendes Gewitter) oder Wetterleuchten könnte hindurchdringen, geschweige denn über den Esstisch fliegen. Unwiderlegbar ist auch die Tatsache, dass die Lichtquelle ihren Ursprung oberhalb des Kopfes meiner Mutter hatte und mehrere Zentimeter unter der Lampe vorbeizog, womit auch ausgeschlossen ist, dass das Licht seinen Ursprung in den Leuchtmitteln gehabt haben könnte, die im Übrigen zur Decke strahlen. Und noch während wir alle denkbaren physikalischen Möglichkeiten in Erwägung ziehen, beginnt ein einzelnes Blatt der Fächerpalme, die wie ein Raumteiler zwischen dem Esszimmer und dem Wohnzimmer steht, lustig zu zappeln. Thomas deutet auf die Pflanze. Wir müssen lächeln, es ist so eindeutig, dass wir Besuch haben ...

Bei diesem einmaligen Lichterlebnis ist es nicht geblieben, wobei es neben dem waagerecht leuchtenden Kerzenschein zweifelsfrei das imponierendste von allen Lichterlebnissen gewesen ist. Bei den folgenden Besuchen in meiner westfälischen Heimat haben wir noch zweimal eine ähnliche Lichterfahrung gemacht, ohne dass wir darauf vorbereitet waren oder damit gerechnet haben. Wie meine Eltern erzählen, geschehen diese Lichtblitze nur dann, wenn Thomas und ich bei ihnen zu Besuch sind. Zwischenzeitlich haben wir ganz verschiedene Erlebnisse mit dem Licht wahrgenommen, weshalb ich sie »*Lichtzeichen*« nenne.

Eines Tages erzählte mir eine Nachbarin, die ungefähr zwei Jahre nach dem Tod unseres Kindes in unsere Straße zog und unser Schicksal nicht kannte, von einem eigentümlichen Lichtstrahl, den sie aus einem unserer Fenster hatte hinausleuchten sehen und der sich in der Krone der Akazie (unserem Schicksalsbaum) verfing. Sie hatte das auffallende Lichtspiel beobachtet, als sie mit ihrem Hund hinter unserem Garten spazieren ging. Das Fenster, das sie gegenüber der Akazie beschrieb, gehört zu Freyas Zimmer ...

Es war der erste Todestag unserer Tochter. Vor einem Jahr ist das Entsetzliche geschehen. Seitdem haben wir viele schwere Momente durchlebt und überstanden; den Geburtstag unseres Kindes, das Weihnachtsfest und den Jahreswechsel, Ostern, »Muttertag« und den Geburtstag von Thomas, den wir im Juni des Jahres zuvor noch ausgelassen gefeiert haben. Welch eine Freude hatte unser Töchterchen, mir beim Kuchenbacken helfen zu dürfen, und vor Entzücken über die vielen brennenden Kerzen in die Hände geklatscht. Nun sind diese wiederkehrenden Tage einsame, schwere Tage, auch wenn Thomas und ich, so irgend möglich, diese Stunden gemeinsam verbringen und nach außen hin Gelassenheit vorgeben. Das erste Trauerjahr ist ohne Zweifel das schlimmste – dreihundertfünfundsechzig Tage Sehnsucht. Aber auch das nächste Jahr ist getragen von Wehmut. Nur hat man jetzt eine Art »Trauererfahrung« und von daher bestimmte Mittel, die man funktional einsetzen kann, um den herzzerreißenden Gefühlen entgegenzuwirken, und dennoch ... Und jetzt, jetzt stand uns Freyas erster Todestag bevor, ohne dass wir einschätzen konnten, wie schlimm dieser Tag für uns tatsächlich werden würde.

Bereits die Wochen vor diesem immer näher rückenden Datum halten uns gefangen, und wir beschließen, den Todestag in diesem ersten Jahr, wie auch in allen folgenden Jahren, miteinander zu verbringen, ihn Hand in Hand vorübergehen zu lassen. Die Sonne scheint an diesem frühen Sommermorgen genauso wie an jenem Sommertag. Ich bin im Bad, habe aber kein Verlangen, mich zu duschen, sitze einfach nur da und gehe meinen Gedanken nach. Nun möchte man glauben, dass die Stille des Hauses nach einem Jahr vertraut erscheint, und dennoch wirkt dieser Morgen fremd. Die heiteren Sonnenstrahlen scheinen ungnädig, suggerieren Erinnerungen. Es ist, als wäre die Zeit vor genau einem Jahr stehen geblieben. Ich frage mich, wo dieses vergangene Jahr geblieben ist, kann nicht fassen, dass unser kleines Mädchen bereits ein ganzes Jahr lang nicht mehr bei uns ist, dass wir »schon« ein Jahr lang ohne unser Kind leben. »Ein Jahr weniger, bis wir dich wiedersehen, Freya ...«, tröste ich mich und schlüpfe in den Bademantel. Auch Thomas ist noch im Morgenmantel und ich sehe, dass er geweint hat. Lange halten wir uns in den Armen. Wir versuchen, unseren Feind, die bleierne Trauer, abzuschütteln, aber es gelingt uns nicht.

Thomas geht ins Wohnzimmer und schaut gedankenverloren hinaus in den Garten. Draußen ist kein Windhauch zu spüren. Es wird ein heißer Tag werden. Nachdem er das Terrassenfenster wieder geschlossen hat, küsst er das Bild unserer Tochter. Neben dem Bild steht eine kleine silberne Vase, in der sich eine rote Rose befindet. Traurig streichelt Thomas die Rose, wie es unser Kind getan hat. Dann fällt sein Blick auf die große weiße Vase, die sich weiter oben auf dem Kachelofen befindet und in der ebenfalls eine rote Rose steht. »Schau«, sagt er, »die Rose ist auch traurig ...« und sammelt vielleicht drei oder vier herabgefallene Rosenblätter ein, die verstreut auf eines der beiden Kissen gefallen sind, die auf der Ofenbank liegen. Früher haben wir oft auf der Bank gesessen, unseren Kaffee getrunken und uns angeregt unterhalten. Dabei saß Thomas auf dem linken Kissen und ich auf dem rechten. Jetzt sitzen wir dort nur noch selten. Prüfend betrachte ich die Rose. »Ach was«, versuche ich ihn aufzumuntern, »die Rose ist nicht traurig! Sie ist ganz einfach verblüht. Ich werde später im Garten eine frische Rose schneiden.«

Thomas geht in sein Arbeitszimmer, setzt sich an das Klavier und spielt. Ich weiß, er spielt für unser Kind ... Und ich beschließe, endlich ins Bad zu gehen ... In meinen Träumen versunken stehe ich da und betrachte mein Bild im Spiegel: »*Spiegel, zeig nicht, was du siehst – zeig, was fern von hier geschieht* ...« (DIE SCHÖNE UND DAS TIER) Und als wolle jemand mein Fernweh lindern, dimmen sich kaum merklich alle Spiegelstrahler ein, bis sie ganz erlöschen, um dann wie aus einer anderen Zeitrechnung sacht zu ihrer üblichen Leuchtkraft zurückzukehren.

Als ich in den Garten hinausgehen will, um eine Rose zu schneiden, hat Thomas das Klavierspiel beendet. Wir treffen uns wie zufällig (?) im Wohnzimmer, und beinahe gleichzeitig fällt unser Blick auf die Ofenbank ... Da liegt auf beiden Kissen jeweils ein einziges rotes Rosenblatt. Und diese beiden Rosenblätter liegen nicht irgendwo auf den Kissen, nein, sie liegen haargenau in der Mitte. Geradewegs so, als ob sie jemand dort für uns hingelegt hätte. »Schau doch mal! Bitte, schau dir das an!«, ruft Thomas aufgeregt. Aber ich schaue ja hin, ganz aufmerksam, und kann es selbst nicht glauben. Dass die Rose verblüht und deshalb ihre Blätter verliert, das ist nachvollziehbar. Aber dass lediglich zwei einzelne Rosenblätter herabfallen, und eines zur rechten und eines zur linken Seite fällt, um haargenau in der Mitte der Kissen liegen zu bleiben – dafür habe auch ich keine Erklärung. Vor allem aber erscheint geheimnisvoll, wie das eine Rosenblatt auf das rechte Kissen fallen konnte, das sich relativ weit entfernt von der Kaminvase befindet. Sind doch die Fenster geschlossen, und ist es doch ein windstiller Sommermorgen. Unser Kind kennt die Lieblingsplätze seiner Eltern am Kachelofen. Freya? Ein Zeichen von unserem Töchterchen? Ein Fingerzeig, damit wir nicht gar so traurig sind, weil sie doch weiterhin an unserer Seite lebt?! Allein diese Einsicht lässt uns lächeln und wandelt die bleierne Trauer in hoffnungsvolle Zuversicht, mit der wir es schaffen, auch den ersten Todestag durchzustehen.

Nach diesem mysteriösen Phänomen habe ich die welkende rote Rose an diesem Tag nicht mehr gegen eine frische Rose ausgetauscht. Und es ist wirklich erstaunlich, die verblühende Rose hat den ganzen Tag und die Nacht über nicht ein einziges Rosenblatt mehr verloren. Am nächsten Morgen habe ich die beiden Rosenblätter von den Kissen aufgelesen und in eine kleine, mit einem Engel bestickte Schachtel gelegt. Wurde die rote Rose nicht bereits in der Antike zum *Symbol der über den Tod hinausreichenden Liebe und der Wiedergeburt*? Und ist sie nicht heute noch Sinnbild der *himmlischen Liebe* ...? Ab und zu öffne ich die Engelsschachtel und schaue hinein. Dann muss ich lächeln.

Mein Liebling,

nachdem wir heute früh telefoniert haben, möchte ich dir nun von einer besonderen Wahrnehmung erzählen, die ich vor wenigen Minuten erlebt habe. Eigentlich ist es beinahe schon eine kleine Geschichte.

Vergangenen Samstag hatte ich wieder einmal die Rosen im Wohnzimmer ausgetauscht. Du erinnerst dich sicherlich. Auch Freyas kleine silberne Vase auf dem Kachelofen habe ich hierbei mit einer frischen Rose aus dem Blumenladen bestückt. Der Garten gibt angesichts des nahenden Winters nur noch wenige Rosen her. Für die große weiße Vase auf dem Kachelofen konnte ich aber trotzdem noch eine wunderschöne Rose im Vorgarten schneiden, die bis dahin den Frost unbeschadet überlebt hat. Diese zart rosafarbige und langstielige Rose hatte eine große Rosenblüte und an einem Nebenzweig auch noch ein kleines, zartes und fest geschlossenes (!) Rosenköpfchen. So blühten meine Rosen in ihren Vasen – und ich hatte, wie immer, meine Freude daran.

Als ich dich am Donnerstag zu deinem Tourneeantritt nach München gefahren habe, war ich natürlich ein wenig traurig, dass wir nun wieder einmal voneinander getrennt sind. Aber es ist ja nur für kurze Zeit! Nach meiner Rückkehr habe ich die Grünpflanzen im Wohnzimmer gegossen und dann meine Rosen in ihren Vasen geprüft. Die Rose aus dem Blumenladen in der kleinen silbernen Vase ließ ihr Köpfchen hängen. Die Heizungsluft hatte ihr wohl zugesetzt. Aber die zart rosafarbige Rose aus unserem Garten, in der großen weißen Vase, sah noch so wunderschön aus, dass ich beschloss, sie ein wenig zu kürzen und in die silberne Vase zu Freyas Bild zu stellen. Es sah so lieblich aus, die zart-rosa Rose mit ihrem großen und dem kleinen Blütenköpfchen, direkt neben dem fröhlichen Bild unseres Kindes. Und weißt du, wenn ich eine Rose zu Freya stelle,

175

dann achte ich immer darauf, dass das Rosenköpfchen möglichst den Bilderrahmen leicht berührt, denn die Rose soll ihr sagen, wie lieb wir sie haben, sie soll wie ein Kuss von Mami und Papili sein ... Das war gestern ...

Als ich heute früh aufstand, bin ich ins Wohnzimmer gegangen und habe spontan Freyas Bild geküsst. Und da habe ich es bemerkt: Die anmutige Rose in der kleinen silbernen Vase (!) ist gewachsen (!) – und das im November! Die große Blüte hatte sich nun weit geöffnet, als würde jemand die Arme öffnen, um dich zu umarmen. Und das zweite, so kleine Rosenköpfchen, das gestern noch fest geschlossen war, ist über Nacht unübersehbar über den Bilderrahmen, ganz nah an Freyas Stirn herangewachsen. Es hat sein kleines Köpfchen sprießen lassen und sich zart geöffnet. Hierbei hat es seine Farbe in ein noch sanfteres, ja pastellfarbenes Rosa gewechselt, sodass beide Köpfchen dieser Rose nun einen unterschiedlichen Rosé-Farbton haben. Zwei sichtbare Merkmale oder Zeichen, die ich ganz einfach wahrnehmen musste!? Mir ist jedenfalls ganz warm ums Herz geworden, denn ich habe mich von Freya umarmt und geküsst gefühlt. Wie schön, danke, Mäuslein ... Und indem ich dir das alles schreibe, kannst auch du dich von unserem Kind umarmt und geküsst fühlen ...

Mein Liebling, ich wünsche dir noch einen wunderschönen Tag. Du siehst, wir sind niemals allein! Alle sind sie bei uns ...

(Telefax an Thomas während einer Tournee)

Ich möchte nicht verhehlen, dass es immer wieder auch Momente großer Traurigkeit gibt. Und das ist gerechtfertigt, denn schließlich sind wir trotz allem Wissen und aller Zeichen nur Menschen. *»Verweinen lasst die Nächte mich. Solang ich weinen mag.«* (»Trost in Tränen« von J.W. von Goethe) Aber ich habe festgestellt, dass eine Inspiration oder ein Kontakt zu unserem Kind nur schwer möglich ist, wenn ich weine oder eben so tief traurig bin. Durch diese Erkenntnis habe ich eine Art Reflektion (keine Disziplin!) entwickelt, die mich auf tröstende Weise aus diesen dunklen Momenten emporhebt.

»Mami, folge deinem Stern, entgegen allem (Dunklen), das dich halten will ...« Diesen Satz rufe ich mir noch einmal in Erinnerung, als ich mich nach dem Ankleiden im Bad frisiere, um danach zur Arbeit zu fahren. Während ich meine Haare zusammenstecke, erinnere ich mich an die Morgenstunden mit unserem Töchterchen: Freya spielt mit ihren Badeenten. Eifrig cremt sie nach dem Duschen meine Beine ein und reicht mir die Kleidungsstücke, die ich ihrer Meinung nach anziehen soll, um repräsentativ zur Arbeit zu fahren, nämlich einen Gürtel und einen Büstenhalter, was ihrer Meinung nach vollkommen ausreichend war: *»Mami, Arbeit! Ja? Ürtel (Gürtel) und BH!«* Während ich in dieses freundliche Bild eintauche, spüre ich plötzlich, wie eine warme Hand meine Wade streichelt und mich abrupt aus meiner Erinnerung zurückholt. Ich schrecke zusammen und schaue zu Thomas, der lesend in der Badewanne liegt. Aber es ist vollkommen unmöglich, dass er es war, der zärtlich meine Wade berührt hat. Er liegt noch immer in dem weißen Schaum, und so lange Arme hat niemand, dass sie von der Wanne bis zu meinen Beinen reichen könnten. Aber ich spüre noch immer die Hand und die Wärme!?

Und in diesem Moment springt genau von der Stelle, an der mich die Hand gestreichelt hat, eine Laufmasche hinauf bis zur Kniekehle und lässt mich erneut zusammenzucken, sodass ich unweigerlich zur Wade greife. Es sind funkelnagelneue Seidenstrümpfe. Natürlich ziehen auch neue Strümpfe schon einmal eine Laufmasche, was mich besonders ärgert. Aber dann laufen diese Maschen vom Fuß hoch oder vom Oberschenkel nach unten. Aber von der Wade zur Kniekehle? Und ganz sicher, ich habe die warme Hand gespürt. Und noch während ich darüber nachdenke, erinnere ich mich: Mein Gott, wie oft hat unser Töchterchen die Strümpfe bewundert und meine Waden gestreichelt. »*Uih, Mami, Strumpfhose, toll!*« Freya?!

»Wir haben gelernt, die materielle Welt mit unseren Sinnen zu deuten, und entwickelten das allgemein adaptierte Weltbild, das die Philosophen den ›naiven Realismus‹ unserer Sinne nennen. Nichts hat uns darauf vorbereitet, die Dinge zu verstehen, die nicht durch Sinne wahrgenommen werden können, besonders, wenn sie außerhalb des uns vertrauten Raum-Zeit-Gefüges existieren. Auch können wir in unserer materiellen Welt nicht das Innere der Atome visualisieren oder die Elementarteilchen oder andererseits die Krümmung des Weltraumes. Wir sind noch weniger fähig, das Spirituelle zu verstehen. [...]«

(Prof. Dr. Milan Rýzl)

Antworten auf meine Fragen in meinen Gedanken und Gefühlen wahrzunehmen und diese Antworten als gleichwertige Antworten zuzulassen, sie ganz einfach anzunehmen, das war ein spiritueller Erfahrungsprozess, den auch ich durchlaufen musste. Und so durfte ich dann auch in der nächsten Geschichte erfahren, dass es auf diesem Weg nicht nur Antworten auf Fragen gibt, sondern sogar ganz konkrete (!) Hilfe. Diese »inspirative Hilfe«, wie ich sie nenne, habe ich als ein gewaltiges Glücksgefühl empfunden. Nicht eine Sekunde habe ich daran gezweifelt, dass sie von der jenseitigen Welt, dem Himmel, geschickt wurde. Hilfe, die ich genau in dem Moment bekommen habe, als ich verzweifelt war und glaubte, dass es keine Lösung für mein Problem gibt. Lange habe ich überlegt, ob ich dieses Erlebnis in mein Buch aufnehme, und entscheide mich schließlich, es ohne Scheu zu tun. Da ich mich aufgrund meiner vielfältigen, unterschiedlichsten Erfahrungen und Erlebnisse zwangsläufig auch mit der *Wahrnehmung*, der *Vorstellung* und der *Illusion* beschäftigt habe, kann ich sehr wohl zwischen der Tatsache des Gewahrwerdens, einer reproduzierten Wahrnehmung und einer unrichtig aufgefassten Wahrnehmung, also einer Sinnestäuschung, unterscheiden. Dieses besondere Erlebnis darf ich auf gar keinen Fall auslassen, da es nun einmal zu meinen sinnlichen (Nachtod-)Erfahrungen gehört und weil es sich hierbei keineswegs um eine reproduzierte Wahrnehmung handelt.

Wie die gesamte Krankenhauslandschaft unterlag auch die Klinik, in der ich tätig war, den harten Kriterien des deutschen Gesundheitswesens. Ein täglicher Kampf. Kaum, dass sich die Situation ein wenig zu entspannen schien, flog das nächste Unheil heran. Und von solch einem hereinfliegenden Unheil erzählt mein Erlebnis.

Ein existenzieller, mühselig errungener Vertrag war durch Benachrichtigung einer gesundheitspolitischen Instanz unversehens beendet worden, was in der Konsequenz das Aus bedeutete. Nach der ersten entsetzten, ja fassungslosen Starre begannen die Gehirnzellen zu arbeiten. Ich las, studierte, recherchierte, zerbrach mir den Kopf. Aber eine Lösung des Problems war nicht einmal ansatzweise zu erkennen, geschweige denn in greifbarer Nähe. Alles Ringen und Kämpfen sollte mit diesem Bescheid umsonst gewesen sein? Hatte ich mich jahrelang für den Erhalt der Klinik engagiert, in dieser Zeit auch noch mein Kind verloren, und nun soll das das Ende sein? Es war einfach furchtbar. Ich war traurig und verzweifelt. Und mit dieser traurigen Verzweiflung fuhr ich sehr spät an diesem Abend nach Hause. Selbst wenn mein Kopf noch immer nach einer Lösung, wenigstens einer klei-

nen Idee forschte, ich verspürte bereits die sich in mir aus-
breitende Resignation.

Zu Hause angekommen, saß ich niedergeschlagen in der
Küche und erzählte Thomas von den großen Schwierigkeiten,
für die es so offensichtlich keine Lösung gab. Muss mein positiv denkender Mann dann auch noch ganz zuversichtlich vor-
aussetzen, dass ich natürlich eine Lösung finden werde? Das
ärgerte mich. Ich nahm meinen »Cappuccino per la mamma«
und ging hinaus auf die Terrasse. Traurig schaute ich hinauf in
den klaren Sternenhimmel. »Ach, Freya! Jetzt ist alles vorbei.
Der Kampf ist verloren, unwiderruflich!« Kaum, dass ich das
sagte, schämte ich mich ein wenig dafür, dass ich unser Kind
mit diesen weltlichen Sorgen belästigte. Es war für mich bis
dahin selbstverständlich, es nicht in meine Probleme einzubin-
den, da ich der Annahme war, dass es mit höheren Himmels-
aufgaben betraut ist, und ich es von diesen wichtigeren Aufgaben auf keinen Fall abhalten möchte. Nun ja, wie man eben als
Mutter eines verstorbenen kleinen Mädchens denkt. Und
dann fragte ich mich: »Warum eigentlich nicht? Heute brauche ich wirklich die Hilfe meiner Tochter! Jetzt kann eigentlich nur noch der Himmel helfen.«

Und so sprach ich mit Freya. Ganz höflich, aber auch ganz
direkt. »Mein Engel, ich möchte dich nicht stören, aber Mami
braucht dich! Bisher habe ich noch immer eine Lösung für ein
Problem gefunden, habe gesehen, wie es weitergehen könnte.
Aber jetzt, jetzt scheint alles vorbei. Ich weiß keinen Rat, habe
keine Ideen mehr! Mein kleiner Stern, ich brauche deine
Hilfe!« Und kaum, dass ich meine Worte zu Ende gesprochen
habe, sehe ich die Antwort vor mir. Ja, ich sehe und lese es mit
meinem geistigen Auge. Einen Passus aus einem Vertragstext,
in dem die Lösung des Problems lag. »Ich hab's! Ich habe die
Lösung!«, rief ich Thomas zu und eilte zum Telefon, um sofort
meine Sekretärin zu informieren. Obwohl es bereits sehr spät

am Abend war, bat ich sie, gleich in der Frühe den Vertragstext, in dem es an der und der Stelle so und so lautet, herauszulegen. Schon am nächsten Morgen hatte die Sekretärin meine »inspirative Hilfe« überprüft. Der Vertrag lag bereits in meinem Büro, als ich dort eintraf. Und nun konnte auch ich mich überzeugen. Der Textinhalt war wortwörtlich so, wie ich ihn plötzlich auf der Terrasse vor mir gesehen habe. Und es war eindeutig die Lösung – die Rettung!

Nun, natürlich könnte man das alles mit der Tatsache erklären, dass auch ich über ein Gedächtnis verfüge, das heißt über ein Retentions- und Reproduktionsvermögen. Und würde ich meine Wahrnehmung dann systematisch analysieren, müsste ich begreifen, dass die ganze Geschichte lediglich die Erinnerung an eine frühere Gewahrwerdung gewesen ist, die mit meinen Verstandeselementen verschmolzen ist. Demnach hätte ich all das ganz einfach aus dem Speicher meines Gehirns abgerufen. Tatsächlich? Aber warum ist mir die Lösung nicht schon Stunden früher eingefallen? Warum ist sie genau in dem Moment wie ein gestochen scharfes Bild in meinen Kopf geschossen, als ich verzweifelt auf der Terrasse stehe und in den Sternenhimmel schaue und geradewegs um Hilfe flehe? *Wunder geschehen nur, wenn man sie auch zulässt ...*

SEIT DEM TOD unseres Kindes haben wir viele »kleine Wunder« erfahren, die eigentlich keine Wunder sind, sondern alltägliche reale Wahrnehmungen, also Zeichen, die jeder erfahren kann, wenn er die Sinne dafür sensibilisiert. So wird der Kohlweißling aus der Familie der Weißlingschmetterlinge, ein zarter Tagfalter mit weißen oder gelblichen Flügeln, für Thomas und mich aufgrund verschiedener Erlebnisse zu einem Seelengefährten.

Ich hole das Bügelbrett aus der Waschküche, inspiriert durch den ehrgeizigen Gedanken, die leidige Bügelwäsche ein für alle Mal wegzuarbeiten, wofür unmissverständlich auch das Hemdenfach in Thomas' Kleiderschrank spricht. Kurz entschlossen nehme ich den Wäschekorb und gehe zum Bügeln hinaus auf die Terrasse. Das erste Mal seit jenem Tag. Thomas arbeitet an dem Libretto für ein neues Musical. Das Wetter ist so schön, dass es auch ihn ins Freie lockt. Früher hat er oftmals auf der kleinen Gartenbank im oberen Teil des Gartens gesessen, wenn er seinen Gedanken freien Lauf lassen wollte, und notierte sie in seinem Notizbuch. Eigentlich ist es ein gemütliches, schattiges Plätzchen unter der hohen Weißbirke, direkt neben meiner stolzen Tanne, die mittlerweile mindestens acht Meter groß ist. Aber die Gartenbank steht eben auch in unmittelbarer Nähe zum Gartenzaun. Nur selten, und wenn überhaupt, dann nur kurz, haben wir uns seit dem letzten Jahr im Garten aufgehalten. Und es ist das erste Mal seit Freyas Tod, dass Thomas sich überwindet, dort oben zu sitzen. Außerdem ist heute Sonntag, da wird erst gegen Abend wieder ein Zug vorbeifahren. Dennoch ist es ein eigenartiges Gefühl, dass wir im Garten unseren Tätigkeiten nachgehen, und ich gestehe, es kostet Überwindung. »Wir können uns nicht auf ewig im Haus verstecken«, rede ich mir zu, »das wird Freya auch nicht wollen«, und muss lächeln, wie ich Thomas in seiner typischen Denkerpose auf der Bank sitzen sehe.

Das dritte, vierte Lieblingshemd von Thomas ist fachmännisch gebügelt, als ich den zartgelben Kohlweißling bemerke, der auf dem Wäschekorb sitzt und seine Vorder- und Hinterflügel langsam auf und ab schlägt. Nun fliegt er weiter und setzt sich auf eine Rosenblüte, um Nektar zu saugen. Und schon erhebt er sich wieder in die Luft. Ich bin sicher, dass er jetzt davonfliegt, vielleicht zur nächsten Blume. Aber nein, er kommt direkt auf mich zu und umkreist mich, einmal und noch einmal. Und ich denke, »Komm her, kleiner Schmetterling. Komm und küsse meine Haut ...« Und tatsächlich setzt er sich für einen kurzen Moment auf den rechten Ärmel meines Kleides. Das rührt mich eigentümlich, und ich spinne meine Gedanken weiter. »Kleiner Kohlweißling«, flüstere ich ihm in meinen Gedanken zu, »wenn du geschickt wurdest, dann flieg jetzt bitte zu Thomas ...« Diese Gedanken habe ich weiß Gott nicht ernst gemeint, nur so dahingedacht. Doch schon schwingt sich der Schmetterling über die Terrasse hinaus, fliegt geradeaus durch den Garten, fliegt linksherum, wieder geradeaus und hoch zur Gartenbank.

Ich mag kaum glauben, was ich sehe. Der Kohlweißling ist geradewegs zu Thomas geflogen, und es sieht aus, als würde er direkt über seinem Kopf in der Luft verweilen. Im nächsten Augenblick fliegt er weiter in den Nachbargarten und ist aus meinem Blickfeld verschwunden. Thomas schaut dem Schmetterling flüchtig nach. Als er dann zu mir herübersieht, begegnet ihm mein Lächeln. »Was war das, Maus?«, fragt er mich. Und ich laufe über den Rasen, setze mich zu ihm auf die Bank und erzähle von dem sonderbaren Schmetterlingsflug.

Bereits Ende April können wir die ersten Schmetterlinge im Garten beobachten. Und natürlich, im Sommer fliegen viele Schmetterlinge, und in unserer Gegend vorzugsweise Kohlweißlinge oder Große Füchse. Aber warum sind die Schmetterlinge nicht schon früher so nah zu uns geflogen? Immer wieder ist es ein zartschöner Kohlweißling, der unsere Nähe zu suchen scheint. Immer wieder einmal hat sich ein Weißlingschmetterling auf meinen Arm gesetzt und mich zum Lächeln gebracht, während ich die Rosen auf dem Grab richte, auch heute. Liegt es an meinem Parfüm ...? Nein. Das Parfüm ist seit zehn Jahren das gleiche – und trägt eigenartigerweise den Namen »Angel« ... Freya hat die Hummeln und die Schmetterlinge gern gehabt. Wie oft ist sie ihnen fröhlich nachgelaufen, um sie streicheln zu können, aber die Tierchen blieben für sie unerreichbar. Und das war gut. Heißt es doch: »Berührst du den Flügel eines Schmetterlings, so muss er sterben.« Jedes Mal, wenn sich ein Schmetterling in meiner Nähe aufhält, denke ich nun an unser Kind, dessen Leben so kurz war wie das Aufblitzen einer Sternschnuppe und so zart wie der Flügelschlag eines Weißlings. Als Freyas Flügel berührt wurden, ist ihre Seele heimgekehrt.

In vielen Kulturen, und auch in der christlichen Lehre, gilt der Schmetterling als Symbol für die vollkommene Verwandlung und für die Auferstehung. Er durchlebt die Grausamkeit der Raupe, um die Schönheit des Schmetterlings zu erlangen und dann in das Licht »ewiger Lüfte«, in den Himmel zu fliegen. »Ich muss wohl zwei, drei Raupen aushalten, wenn ich die Schmetterlinge kennenlernen will«, erzählt Antoine de Saint-Exupéry in seinem Buch *Der kleine Prinz*. Immer wieder wird der zartschöne Schmetterling zum mystischen Seelentier in Gedichten, Fabeln und Novellen und auch in Gemälden, in denen gar die Seele mit Schmetterlingsflügeln dargestellt wird. Und mit meinem Herzen begleite ich einen jeden Sommer lang die Schmetterlinge auf ihrem Flug in die Lüfte ...

»Eine Rosenknospe schüchtern und zart,
Wuchs voll Erwartung der Sonn' entgegen,
Da kam ein Schmetterling besond'rer Art
Und berührt ihre Blätter verwegen.

Und bald war erblüht die Knospe voll,
Der Schmetterling umgaukelt sie täglich,
Ein Spinnennetz zur Falle werden soll,
Sein kurzes Leben endet kläglich.

Nun wollte die Rose nicht mehr blühen,
Sie sah nicht mehr den gold'nen Sonnenschein,
Ihre Schönheit begann zu verglühen,
Ohne Falter fühlte sie sich allein.

Die Tautropfen am Stängel hingen,
So als hätte die Rose leis' geweint,
Ihre Blätter sich im Netz verfingen,
Nun waren die beiden wieder vereint.«

(»BLUMENELEGIE« VON EDITH HEINE)

Unzählige Male habe ich gebetet, dass das Schicksal, das unserer kleinen Familie widerfahren ist, sich niemals (!) wiederholen möge. Und dennoch ist es geschehen ... Nur zweieinhalb Jahre nach dem Tod unseres Kindes und nur fünfzehn Autominuten von uns entfernt, auf derselben eingleisigen Bahnstrecke. Valentin, ein fröhlicher kleiner Junge, nicht einmal drei Jahre alt, läuft in einem kurzen, unbeobachteten Moment aus dem Garten auf das Gleis, wird von der Eisenbahn erfasst und sofort getötet. Die Umstände, ja selbst der Sonnenschein an diesem warmen Frühlingstag, sind die gleichen, das Schicksal deckungsgleich. Das Tuch, das die offenen Wunden unserer Herzen gnädig verdeckt, scheint gelüftet und legt all unseren Schmerz wieder frei. Wir sind sprachlos und traurig. Wüssten wir nicht von dem Lebens- und Gottesplan, hätten wir nicht unsere Erfahrungen und Erkenntnisse und die Hilfe von »Drüben«, so würden wir spätestens jetzt zu wütenden (Ver-)Zweiflern. Unsere Anteilnahme, unsere Empfindungen und Trauer gelten in diesen Tagen Valentin, seiner kleinen Schwester Viola und Marion und Peter, den Eltern. Ich schreibe ihnen, und Peter ruft mich an. Eine Woche später besucht uns

Valentins Familie. Ein wenig ängstlich sehen wir dem Besuch entgegen. Wissen wir doch aus Erfahrung, dass es in diesen ersten Tagen keinen wirklichen Trost gibt. Werden wir die richtigen Worte finden? Ja, das werden wir. Wichtig ist, dass wir da sind. Einfach nur da sein, ohne Berührungsängste, das ist schwer und doch so unbedingt nötig, auch das wissen wir. Als wir einander in die Arme schließen, sind sie uns wie Seelenverwandte. Es wird eine Begegnung, aus der sich eine zarte Freundschaft entwickelt.

Und dennoch hole ich tief Luft, als ich nach unserem ersten Zusammentreffen auf der Terrasse sitze. Ich bin traurig. »Ach, mein Mäuslein«, denke ich, »du bist zwar eigentlich kleiner noch als Valentin, aber im Himmel ganz sicher die Erfahrenere. Würdest du dich ein wenig um Valentin kümmern, der jetzt mit dir im Paradies ist?« Und ich erhalte vor meinem inneren Auge ein Bild, wie unser kleines Mädchen den nur wenig größeren Valentin fest an den Händen hält, und fühle mich ein wenig getröstet ... Jetzt werde ich Thomas anrufen, der sich früher von uns verabschieden musste, da er eine Theatervorstellung in München hat. Dummerweise (?) habe ich in der letzten Woche das tragbare Telefon fallen gelassen, doch ich möchte nicht vom Festapparat im Haus telefonieren. Also hole ich mein Mobiltelefon, das ich seit Wochen nicht mehr benutzt habe, und gehe wieder ins Freie. Ich gebe die PIN-Nummer ein und warte, dass das Telefon gesprächsbereit ist. Und da erscheint auf dem Display des Telefons »*Hand in Hand*«. Ein sanftes Kribbeln durchströmt mich, und gleichzeitig wird mir sehr warm ums Herz. Es ist mir, als habe ich die Antwort unseres Kindes erhalten: »*Ja, Mami! Valentin und ich sind Hand in Hand im Himmel!*«, und ich zögere nicht eine Sekunde, zu glauben, dass es eine Antwort ist.

Mit der Geburt unseres Kindes und über seinen Tod hinaus wurde »Hand in Hand« unser Thema, unsere Lebensformel.

Und diesen Schwur hatte Thomas vor über zwei Jahren in das Begrüßungsmenü von meinem Mobiltelefon programmiert. Aber daran habe ich in der Sekunde, als ich ihn an diesem frühen Abend anrufe, überhaupt nicht mehr gedacht!

Einige Wochen später haben uns Marion und Peter zu sich eingeladen. Wir wissen nur in etwa, wo sie wohnen, in Gleisnähe. Als wir in den kleinen Ort einbiegen und weiter vor uns den Bahnübergang sehen, ahnen wir, welches das Haus von ihnen ist. Ausgerechnet jetzt schließt sich die Bahnschranke, und Thomas und ich stehen mit unserem Wagen unmittelbar vor dem Gleis und müssen warten, bis der Zug an uns vorüberfährt, der Valentin und Freya ... ich will nicht weiterdenken. Auch wenn unser Kind nun bald drei Jahre tot ist, so ist der Anblick einer unmittelbar an uns vorbeifahrenden Eisenbahn bis heute kaum erträglich. In diesen Minuten, in denen wir darauf warten, dass sich die Schranke endlich wieder öffnet, denke ich an Valentin und hoffe, dass auch er seinen Eltern Kraft und Hoffnung schickt. Und genau in diesem Augenblick sehe ich einen gelblichen Kohlweißling rechts von meiner Beifahrerseite. Geradewegs vor unseren Augen fliegt er vielleicht zwei Zentimeter nah die Windschutzscheibe entlang zur anderen Straßenseite. Da wissen wir, Valentin ist da und wird seine Eltern trösten.

Wir trinken Kaffee und unterhalten uns. Irgendwann gehen Thomas und Peter mit der kleinen Viola in den Garten hinaus, in dem sich niedliche, junge Hasen befinden. Marion zeigt mir das Familienalbum und erzählt von Valentin. Es ist verblüffend, wie sich die strahlenden Augen und das offene Lachen unserer Kinder ähneln. Und mir wird einmal mehr deutlich, wie besonders all die Kinder sind, die sich so früh wieder von dieser Welt verabschieden. Die drei kommen aus dem Garten zurück. Thomas hat Peter von dem Schmetterling erzählt, der an der Bahnschranke an uns vorüberflog. Und Peter erklärt ihm: »Weißt du, was für euch der Schmetterling bedeutet, das ist für mich die Eidechse.« Ganz nah am Haus befindet sich ein kleiner Steingarten. Ab und zu haben er und Valentin dort gemeinsam Eidechsen beobachtet, die Valentin fasziniert bewundert hat. »An dem Tag, an dem Valentin gestorben ist, waren abends bei den Steinen ungewöhnlich viele Eidechsen. Das war wirklich auffallend«, erzählt Peter weiter. Doch dann fügt er beinahe entschuldigend hinzu: »Na ja, aber die Schmetterlinge haben eben die vollkommene Metamorphose und sind deshalb sicherlich bedeutungsvoller als meine Eidechsen.« »Aber auch die Eidechsen häuten sich, sprechen also doch auch irgendwie für eine Umwandlung!«, antwortet Thomas, und Peter stimmt ihm zu.

Mir fällt ein, dass wir erst am letzten Wochenende zwei interessante Bücher in einem Antiquariat erworben haben. »Noch heute Abend werde ich darin nachschlagen und erkunden, ob der Eidechse eine symbolhafte Bedeutung zugewiesen wird«, beschließe ich. Und ich ahne schon, dass es eine Antwort gibt. Kaum zu Hause eingetroffen, hole ich die Bücher hervor. Im ersten finde ich nichts. Aber im nächsten Buch lese ich die Auflösung, die Peter und Marion zuversichtlich stimmen soll: »[...] Als ein ›winterschlafendes‹ Tier wurde die Eidechse zum Symbol des Todes mit späterer Auferstehung ... Wiedergeburt, Verjüngung durch Häutung, Sehnsucht nach dem – geistigen – Licht [...]« Gleich am nächsten Tag ruft Thomas bei Peter an.

Das Ganze ist zu verklärt, fantastisch? Nein. Ein Zufall? Nein. Wie Sie wissen, glaube ich bereits seit Langem nicht mehr an zufällige Ereignisse. Der Schmetterling ist nicht zufällig an unserem Auto vorübergeflogen, als wir auf dem Weg zu Valentins Eltern sind. Peter hat nicht *zufällig* mit Valentin die Eidechse beobachtet, damit sie später ein *zufälliges* Verbundenheitsgefühl mit seinem Sohn hervorruft. Und wir haben uns nicht *zufällig* vier Tage vorher ein Buch gekauft, auf das wir *zufällig* zurückgreifen können, damit Marion und Peter *zufällig* ein wenig mehr getröstet sind. *Sind das nicht zufällig ein oder zwei Zufälle zu viel?* Das Bild von Valentin steht neben dem Bild unserer Tochter auf dem Kachelofen. Gerne schaue ich in zwei Paar lachende Kinderaugen, die uns so weit entfernt und doch so nah sind, und ich denke: »Hand in Hand ...«

Mittlerweile habe ich verstanden, dass mein Weg ein spiritueller Weg ist, der sowohl durch die rationale (verstandesmäßige) Welt als auch die irrationale Welt (die Öffnung des Unterbewusstseins, des Intuitiven) führt. Der Weg zu unserem Kind und zum Göttlichen führt durch beide Welten und bedeutet in der Konsequenz die Überwindung der unsichtbaren Grenze.

Meiner Intuition vertrauend und das Vermächtnis unseres Kindes einlösend, erscheint es mir weit mehr noch als eine Verpflichtung, meine Antwort auf die Frage »Wer ist für Sie Gott?« für eine Münchner Tageszeitung zu verfassen. Die ersten kalten Dezembertage erscheinen zudem genau richtig, mich auf das Thema zu konzentrieren. Vielleicht auch, um mich von der Weihnachtszeit und den anstehenden Geburtstagen gedanklich abzulenken. So lasse ich mich inspirieren und spüre bei jeder Zeile, die ich schreibe, die Gegenwart unseres Töchterchens.

Der Beitrag ist längst auf die Reise geschickt, und es sind noch genau zwei Tage bis zu meinem Geburtstag, den ich nun am liebsten vergessen möchte, weil ich damals in freudiger Erwartung mit Thomas in die Klinik fuhr, und dieses Glücksgefühl immer präsent sein wird. Ich bin traurig, aber ich kann mich nicht recht ablenken. Mitten in diese Wehmut läutet das Telefon. Die Redaktion teilt mir mit, dass der Erscheinungstermin meines Artikels der 12. Dezember sein wird. Mein Geburtstag?! Weder wusste der Redakteur von diesem Tag noch von der Traurigkeit, die mich heute damit verbindet. So wird es für mich zum allergrößten Geschenk, dass ausgerechnet dieser Artikel, mein Glaubensbekenntnis, genau an meinem Geburtstag erscheint, dem Tag, der so besondere Erinnerungen vorhält. Als ich die Zeitung aufschlage, lacht mir Freyas Bild entgegen, und alle Traurigkeit ist wie durch Zauberhand genommen …

In der Vorweihnachtszeit besucht uns ein Bruder meines Mannes mit seinem französischen Bassetwelpen, was die Überraschung umso größer macht. Es ist das dritte Weihnachten ohne unser Kind. Zwar haben wir noch keinen Weihnachtsbaum, aber es leuchten hundertfünf Lichter an meiner stolzen geretteten Tanne im Garten. Ganz allmählich finden wir zu unseren Traditionen zurück, und darüber bin ich froh. Nun haben gerade diese kurzbeinigen Jagdhunde mit ihren Hängeohren und dem tiefen Treueblick, der manchmal auch schläfrig oder gelangweilt wirkt, etwas Rührendes, weshalb wir Lafayette die eine oder andere Pinkelattacke in unserem Häuschen schnell verzeihen. Aber mit Lafayette verbindet uns auch ein ganz eigenes Erlebnis. Wir haben für den nächsten Abend liebe Freunde zum Adventessen eingeladen, und ich beschäftige mich mit der Tischdekoration und bastle kleine Walnussbären. Irgendwann kommt Thomas (mit Bohrmaschine und Klebepistole!) hinzu und hilft mit. Das Handarbeiten, die weihnachtliche Musik im Hintergrund und unser Gespräch haben etwas Ruhiges, Besinnliches.

Die letzten Weihnachtsbären erhalten gerade ihre rote Schleife, als Thomas' Bruder samt Hund von seiner Verabredung zurückkommt. Während sein Herrchen sich zu uns setzt, schaut sich Lafayette ganz ungeniert um und entdeckt eine Fotografie von Freya, die auf dem Beistelltisch im Esszimmer steht. Wir beobachten, wie er neugierig das Bild betrachtet

190

und sich danach abwendet. Plötzlich hält er inne, beschnuppert das Bild erneut, wirft ihm einen leisen, warmen Bellton zu und stupst es mit der nassen Nase, um es dann vorsichtig abzuschlecken. Zu guter Letzt gibt er nochmals einen sanften Laut von sich und legt sich zufrieden zu meinen Füßen. Wir sind berührt. Es scheint eindeutig, dass Lafayette etwas Besonderes mit dem Bild unseres Kindes wahrgenommen hat. Es war, als kommuniziere er mit der Fotografie oder unserem Kind. Ja, man sagt den Tieren eine hochsensible Seele nach. Und das kann ich mit unseren Erfahrungen nur bestätigen, denn ich erinnere mich an eine andere Geschichte, die nicht nur mich nachhaltig beeindruckt hat.

Freya war ein Baby von sechs Wochen, als wir eine Stippvisite bei Ramona und ihrer Familie in meiner alten Rosenheimat machen. Auch meine zierliche Freundin hat Familienzuwachs. Amour, ein Hovawart, Schutz- und Hütehund von imponierender Größe, der mit beeindruckend scharfem Gebell wild und ausgelassen um uns herumspringt. Kein Wunder, dass das hübsche Haus ein wenig mitgenommen aussieht und ein angeknabberter Schrank meinen amüsierten Blick auf sich lenkt. Amour hat sich sichtbar an allem ausgelassen. »Die Erziehung und Abrichtung gestaltet sich ein wenig schwieriger, als erwartet!«, entschuldigt sich Ramona. Tja, Amour hat irgendwie andere Maßstäbe und Ramona mein tiefstes Mitgefühl. Angespannt sitze ich in einem Ledersessel und halte unser Kind besorgt in den Armen. Aus dem Augenwinkel heraus betrachte ich respektvoll den Hund, dessen gewaltige Größe mich ängstigt. Schon kommt er ungestüm auf uns zu. Was tun?

Ich erinnere mich an die Hofhunde von Opa Anton. Was habe ich als Kind gelernt? Eigentlich zu wenig über Hunde. »Jedem fremden Tier ist nicht nur mit Liebe, sondern auch mit Respekt zu begegnen. Oberste Regel: Keine Überreaktionen, sondern Gelassenheit. Alles Flüchtende ist dem Hund verdächtig!« Verflixt, warum gibt es hier keine Hundehütte? Wenn ich mich nun abrupt erhebe und das Baby schützend Amour vorenthalte, so kann die instinktive Reaktion des monströsen Ungetüms vielleicht fatal sein. Also muss ich ihm unser Kind irgendwie zeigen. Trotz meiner Ängste täusche ich Gelassenheit vor und lasse es zu, dass Amour auf uns zukommt. Ich halte unser Mädchen nun fast so in den Armen, als wollte ich es Amour zeigen und denke: »Da, schau her, Amour! Das ist Freya, unser Kind, ein schutzbedürftiges kleines Baby.« Und der ungestüme Koloss, der noch wenige Minuten zuvor aufgeregt und lautstark sein Revier verteidigt hat, macht sich jetzt beinahe klein und beschnuppert vorsichtig das Köpfchen unseres kleinen Mädchens. Dabei stupst er es fast ein wenig zärtlich mit seiner großen Hovawartnase, dreht sich um, macht eine Art Unterwerfungsgebärde, wedelt mit dem Schweif, nimmt im hinteren Teil des Wohnzimmers Platz und gibt den Abend über keinen Laut mehr von sich, während ich »Heldin« unglaublich erleichtert bin und mich nun umso angeregter unterhalte.

Meine Freundin, die ihren Hund am besten kennt und natürlich auch liebt, ist von dieser Situation unglaublich beeindruckt. Eine solche Reaktion von Amour, insbesondere im Umgang mit ganz kleinen Kindern, hat sie nie zuvor erlebt. Noch heute fragen wir uns, welche Schwingungen er wahrgenommen hat. Was hat Amour in der Begegnung mit unserem Kind erspürt? Wird dem Hund nicht eine besondere »Hellsichtigkeit« nachgesagt? Und dann lese ich über den Hund, den *Hüter der Jenseitspforte* ...

SEIT DEM TODE unseres Kindes haben wir sehr viele Zeichen erhalten, sodass ich ihnen Namen gegeben habe. Da sind die *Naturzeichen*, die *Licht-/Energiezeichen*, und über allem stehen unsere *Inspirationszeichen*. Wir sind unendlich froh über jedes Zeichen, das wir erhalten, weil es uns zuversichtlich und mutig stimmt und unserem Leben, trotz allem, einen neuen Zauber verleiht. Unser Ziel in all der Traurigkeit ist es, weiterhin an unserer kleinen Familie festzuhalten. Zusammen mit dem Nachlass, den unser Töchterchen uns in jeder Sekunde spüren lässt, ist dies ein Versprechen, aus dem wir Vertrauen und Kraft beziehen. Wir waren und wir sind eine Familie, nur dass unser Kind sich nun in einer anderen Dimension befindet, was wir begreifen lernen müssen. Aber wir sind, um mit Martin Buber zu sprechen, mittlerweile auch »*ausgerüstet, aus der Kraft der Geheimnisse zu leben*«.

Außerdem glaube ich, dass es eine weibliche und eine männliche Komponente des Trauerns gibt, dass Frauen und Männer unterschiedlich trauern. Auch uns ist es schwergefallen, miteinander über manche Bilder zu sprechen, die uns in unserer Trauer bewegen. Und dazu zähle ich nicht nur die schrecklichen Bilder, sondern auch die wundervollen und zauberhaften Erinnerungen, die in ihrer Poesie erst einmal viel grausamer erscheinen, eben weil es nur noch Erinnerungen sind. Aber rückblickend weiß ich, wie wichtig es ist, einen gemeinsamen, partnerschaftlichen Weg der Trauer zu finden. »[...] *Ich danke dir, dass du uns Freya geschenkt hast, aber noch mehr danke ich dir, dass du bei mir bist. Und ich, ich halte dich ›an meiner Hand‹, meine Geliebte, von der ich nicht lasse ...*« Diese Zeilen schrieb Thomas mir zu unserem ersten Weihnachtsfest mit unserem Kind. Nur so haben wir es nach und nach zulassen können, über unser Innerstes, über wirklich alles offen miteinander zu sprechen und dadurch Fesseln zu lösen. Niemand kann besser verstehen, helfen und trösten als der eigene Partner. Und wenn sich dann in der gemeinsamen Beantwortung von Fragen Lösungen auftun oder wenn sich gar Antworten und Zeichen gemeinsam erleben lassen, so können dies wahrhafte Glückstropfen sein, an die man schon gar nicht mehr geglaubt hat und die deshalb umso glückhafter empfunden werden. Und da sind schließlich unsere Liebsten im Himmel, die uns weiterhin zur Seite stehen.

Deutlich erinnere ich, wie ich mich unmittelbar nach dem Geschehen fragte, weshalb ich nicht gespürt habe, dass unser kleines Mädchen stirbt? Ich, die ich es so bedingungslos geliebt habe! Ich glaubte, dass ich den Wimpernschlag dieses Augenblicks hätte fühlen müssen – ist es doch aus meinem Fleisch und Blut gewachsen, habe ich doch unser Kind in meinem Leib getragen, erfüllt von großer Liebe und sehnsüchtiger Vorfreude, und es mit unendlicher Liebe in diese Welt geboren. Gibt es doch ein so enges Band, das Mutter und Tochter miteinander verbindet, und ist in aller gemeinsamen Zeit eine solch tiefe, innige, ja unermessliche Liebe zwischen meinem Kind und mir gewesen, wie es alle wundervollen Märchen dieser Welt nicht schöner erzählen könnten ... Aber wie eine Muschel hatte ich mich damals in meinen dunklen Gefühlen eng verschlossen. So konnte ich nicht bemerken, dass die einzig wichtige Antwort bereits tief in mir ruhte – *dass unser Band uns auf ewig miteinander verbindet!* Hat mich nicht unser Band lange vor der Geburt unseres Kindes seine Seele sehen lassen – in welch ein besonderes Reich habe ich doch in meinem Traum schauen dürfen?! Und durch dieses silberne Band dürfen wir auch weiterhin Freyas Botschaften und ihre Liebe erfahren und unsere Liebe an sie weitergeben.

Vor gar nicht langer Zeit wurde unser silbernes Band, mein Faden zur jenseitigen Welt, in berührender Weise beansprucht. Wir waren sehr betroffen, als wir von zwei kleinen Mädchen erfuhren, die plötzlich ihre Mutter verloren hatten, und wir gebeten wurden, mit den Kindern Kontakt aufzunehmen, um ihre Fragen zu beantworten. Ich überlegte hin und her, wie wir den Kindern helfen könnten, die weit von uns entfernt wohnen und die wir nicht einmal kennen. Es würde keinen Sinn machen, auf ein Gespräch zu ihnen zu reisen. Vor lauter Aufregung oder Scheu wären die Fragen vergessen, und es bliebe eine irritierende Einmalaktion. Ich wandte mich an unser Töchterchen und bat um Hilfe. Und sehr bald wusste ich, dass ein Briefwechsel die empfindsamste Möglichkeit ist, den Mädchen in ihrer Not zu helfen. Nur wenige Tage später sandten die kleinen Mädchen ihre »ersten« Fragen per Telefax auf die Reise. Achtundsiebzig Fragen! Behutsam formuliert und in Schönschrift. Ich weinte.

Aber ich erkannte, dass sich die Fragen der Kinder überhaupt nicht von denen der Erwachsenen unterscheiden. Nur ihre Not war vielleicht ein wenig größer und die Fragen unverbildeter, ganz direkt, so berührend aufrichtig. Ich legte alles andere zur Seite und konzentrierte mich auf Marie und Sofie, die mir so weit entfernt und doch so nah waren wie unser Kind im Paradies. Die Kinder bekamen ihr eigenes Faxkörbchen eingerichtet, und darin lagen die Antworten, wenn sie von der Schule heimkamen. Viele Wochen und Monate verband uns ein rührender Briefwechsel. Immer wieder ließ ich mich bei den kindgerechten Antworten von der Mutter der Kinder inspirieren. Und so hat sie ihren beiden Mädchen den Weg gezeigt. Die kleinen Mädchen und ihre Mama haben mir vor Augen geführt, wie wichtig es ist, Fragen und Antworten ganz direkt, ganz ehrlich und ganz offen zu formulieren, trotz aller Traurigkeit. Irgendwann, wenn es so sein soll, werden Marie, Sofie und ich uns kennenlernen ...

Ganz bewusst habe ich nur einen kleinen Querschnitt all unserer Nachtod-Erlebnisse gegeben, und eigentlich ist mein Buch hier zu Ende. Aber da ist noch eine ganz besondere Geschichte, die ich für eine Freundin aufgeschrieben habe, nachdem sie ihrem Vater »*Auf Wiedersehen!*« gesagt hatte. Ich habe der Geschichte einen Namen gegeben, so wie ich manch andere Ereignisse mit Namen versehe.

Die Geschichte eines Sommertages

vom »Kleinen Mädchen und dem Tiger« ...

IMMER WIEDER bin ich auf der Suche nach interessanten Lektüren, die Thomas und mich in unserem Verstehen- und Erkennen-Lernen voranbringen sollen. So bin ich bei meinen Recherchen auf eine Autorin gestoßen, bei der es sich um ein anerkanntes englisches Medium handelt, die sich darüber hinaus auch als Heilerin vielfältig engagiert: *Rosemary Altea*. Es ist mir wichtig, anzumerken, dass in Großbritannien alle Medien diesen Titel erst im Anschluss an eine Ausbildung und Reifeprüfung erhalten, um Trug und Scharlatanerie entgegenzuwirken. Bemerkenswert und zugleich beruhigend angesichts dieser bis dahin für mich eher brisanten Thematik war die Feststellung, dass alle Medien und überhaupt jeder Autor, der sich mit dem Jenseits beschäftigt und dessen Bücher ich gelesen habe, sich als stark gläubig erweist – und wenn wir nach und nach die Zusammenhänge begreifen lernen, so verwundert es auch nicht mehr.

Heiler sind in Großbritannien vielfach und erfolgreich in den nationalen Gesundheitsdienst eingebunden, was zumindest in Deutschland momentan noch fremd erscheint. Hilfe und Rückhalt für ihre Arbeit haben die Medien in der geistigen Welt durch einen persönlichen »geistigen Führer oder geistigen Helfer«, der sein Medium führt, auch hinsichtlich der Kontaktaufnahme zu den Verstorbenen, oder besser gesagt, zu den Lebenden in der jenseitigen Welt. Ein jeder Mensch hat solch geistige Helfer, die ihn sein ganzes Leben lang begleiten. In bestimmten Glaubensrichtungen heißen diese Wesen *Schutzengel*, was mir persönlich sympathischer erscheint.

Etliche Literaturquellen zeigen auf, dass es verschiedene Geisthelfer unterschiedlicher Ebenen gibt. Auch Verstorbene, also Menschen, die wir zu Lebzeiten vielleicht sogar gekannt oder gar geliebt haben, können Schutzengel in unserem täglichen Leben sein. Ebenso können uns verschiedene Geisthelfer begleiten oder einander ablösen, um uns in der jeweils anstehenden Thematik oder Lebenssituation liebevoll zu unterstützen. Ich glaube, es liegt an uns, unserem Willen und unserer Aufmerksamkeit, unsere persönlichen geistigen Freunde, unsere Engel wahrzunehmen und ihre Inspiration zu erfahren. Vielleicht sollten wir nur intensiver auf unsere Intuition achten, um ihre Gegenwart und ihre Hilfe zu bemerken.

In einem Buchantiquariat erwarb ich also Rosemary Alteas Buch mit dem Titel *Sag ihnen, dass ich lebe*. Ich las mich durch die berührende Lebensgeschichte einer einfachen Frau mit einer außerordentlichen spirituellen Veranlagung, jedoch mangelndem Selbstvertrauen, bis hin zu ihrer definitiven Selbstannahme und dem Eingeständnis, dass sie ein wahrhaftes Medium ist. Auch Rosemary hat im Jenseits einen Geisthelfer, der sie unterstützt und den sie sogar sehen kann. *Grauer Adler*, ein Indianer, der einst im Leben in dieser Welt ein Schamane und spiritueller Führer seines Stammes war. Rosemary beschreibt ihn als einen geduldigen und weisen Geisthelfer, der Rosemary niemals überfordert und der sie sanft *meine kleine Blume*, *meine Rose* nennt, was ich ganz entzückend finde.

Rosemarys Tätigkeiten umfassen ein beträchtliches soziales Aufgabenspektrum. Ihre größte Erfüllung findet sie jedoch, wenn sie Angehörige im Diesseits und Jenseits zusammengeführt hat und die Trauernden erkennen, dass die Vorausgegangenen bei uns sind. Für unsere Liebsten ist es tatsächlich von größter Wichtigkeit und Bedeutung, dass wir begreifen, dass wir weiterhin verbunden bleiben, dass sie an unserer Seite weiterleben und uns begleiten, ja stetig teilnehmen an unserem Leben, uns ihre Liebe schicken und uns inspirieren – und sie sind überglücklich, wenn wir ihr Weiterleben endlich erkennen.

Thomas und ich lasen das Buch parallel zueinander. Er hatte zu dieser Zeit eine musikalische Leitung in Heilbronn, weshalb er sich unser Buch regelmäßig auslieh, wenn er zu den Vorstellungen fuhr. An den spielfreien Tagen kehrte er nach Hause zurück, auch in dieser Nacht zum Sonntag, den 30. Juni. Es war ein sonniger Morgen. Gerade aus dem Bett gekrochen, nehmen wir unsere Kaffeetassen und setzen uns hinaus ins Freie. Plötzlich bemerke ich unter meinem Korbsessel ein junges Kätzchen, wie es sich ganz sanft an meine Beine schmiegt, ein kleiner getigerter Kater, wohl wenige Wochen jung, ein wunderschöner kleiner Kerl, mit ganz besonders leuchtend grünen Augen und einem Gesicht zum Verlieben. Es ist das erste Mal, dass wir diesen kleinen Kater sehen. Er schaut uns an, munter schnurrend, und bleibt spielend an unserer Seite. Der kleine »Tiger«, wie wir ihn spontan nennen, rührt uns. Und natürlich erinnern wir uns gedankenverloren, dass Freya vor kaum zwei Jahren dem jungen Kätzchen, mit dem sie sich wenige Tage zuvor angefreundet hatte, aus dem Garten hinaus auf das Gleis gefolgt ist ... umso mehr rührt dieser liebenswerte kleine Kerl unsere Herzen. Irgendwann gehen wir wieder ins Haus.

Unser beider kleines Ritual ist es, in der Badewanne zu lesen. Wasser und Wärme lassen unseren Geist frei. Während ich mich frisiere, fragt Thomas, genussvoll in der Badewanne liegend, ob er etwas vorlesen soll. Das gegenseitige Vorlesen lieben wir sehr, und ganz besonders den anschließenden Gedankenaustausch. Thomas schlägt vor, aus dem Buch von Rosemary zu lesen, und fragt mich, bis wohin ich es gelesen habe. Wir stellen fest, dass wir, die wir das Buch bis dahin unabhängig voneinander gelesen haben, beide bei dem jetzt folgenden Kapitel angelangt sind (ein Zufall??). Das Kapitel lautet *Das kleine Mädchen und der Tiger*. Berührt schauen wir uns an – und Thomas beginnt mit zitternder Stimme die Geschichte vorzulesen, die ich jetzt zusammenfasse:

Rosemary erhielt den Anruf einer Dame, die um einen Termin bat, um Kontakt zu ihrer verstorbenen Tochter aufzunehmen. Die Anruferin klang jedoch keineswegs freundlich, was Rosemary irritierte. Sie wusste weder das Alter der Dame noch wusste sie das Alter und den Grund für den Tod der Tochter. Sie vergaß diesen Termin bis zu dem Tag, an welchem die Sitzung stattfinden sollte. Rosemary wachte sehr früh auf und erinnerte sich. Als sie noch ein wenig weiterschlafen wollte, nahm sie plötzlich eine Gestalt in ihrer Nähe wahr – ein kleines Mädchen. Rosemary sagt, dass dieses Kind wohl »*das süßeste und hübscheste kleine Mädchen war, mit wunderschönem blonden Haar, runden Bäckchen und kornblumenblauen Augen, die der blauen Farbe seines Kleidchens entsprach. In seiner Hand hielt das kleine Mädchen einen Teddybären fest umklammert*«.

Thomas' Stimme zittert erneut, während er diese Beschreibung vorliest. Tränen laufen über meine Wangen. Ja, niemand hätte unser Töchterchen, unser kleines Mädchen besser beschreiben können – ihre wunderschönen blonden Locken, ihre runden Bäckchen mit dem entzückenden Grübchen, und auch Freyas hellblauer Leinenanzug, den sie so gern getragen hat, entsprach der Farbe ihrer himmelblauen strahlenden Augen. Und auch unser Töchterchen hatte Kuscheltiere. Da ist Rudi Rudolph, das kleine Rentier, das jede Nacht mit Freya und dem Lämmchen in ihrem Bett schlafen durfte. Und es war Rudi, den wir ihr damals in den Arm legten, damit sie nicht gar so allein ist und sie einen ihrer Lieblinge mit auf die Reise nehmen und sich ankuscheln konnte. In manchen Nächten, in denen ich an unser Töchterchen im Himmel denke, empfange ich ein liebliches Bild: Freya, gebettet in vollkommenem Licht, glücklich und strahlend, und an der Hand hält sie Rudi. Zu Freyas heiß geliebten Kuscheltieren zählte aber auch ihr großer Tiger Arthur, den sie immer mit sich herumtrug. So begegnete jetzt Rosemary dem *»kleinen Mädchen und dem Tiger«*. Und Thomas und ich, wir erinnern uns mit dieser Zeile an »unser kleines Mädchen und seinen Tiger«.

Die Kleine, die in diesen frühen Morgenstunden Rosemary in ihrem Schlafzimmer besuchte, erzählte schüchtern, dass ihre Mami sie aufsuchen würde, und bat Rosemary eindringlich: *»Erzähl Mami von dem Tiger.«* Rosemary wollte nun noch mehr von dem Tiger wissen, aber das kleine Mädchen wiederholte lediglich: *»Erzähl Mami von dem Tiger.«* Und dann entschwand es einfach.

Die Mutter kam in Begleitung einer Freundin zu dem Sitzungsgespräch. Rosemary wusste nicht, wer von beiden die Mutter des Kindes war. Dann entdeckte sie das kleine Mädchen, das vor Aufregung hin und her hüpfte und auf seine Mutter zeigte: *»Das ist meine Mami, das ist sie, das ist sie.«* Rosemary nahm den Kontakt zu der Kleinen auf und beruhigte sie. Dann beschrieb sie das kleine Mädchen, und die Mutter antwortete: *»Das ist sie, das ist meine Mandy.«* Nun fragte Rosemary die aufgeregt zappelnde Kleine: *»Was möchtest du deiner Mami gerne sagen, Mandy?«* Das kleine Mädchen tadelte Rosemary: *»Du hast es Mami nicht erzählt. Du musst Mami von dem Tiger erzählen.«* Daraufhin erzählte Rosemary der Mutter, dass sie bereits am frühen Morgen mit Mandy gesprochen und Mandy sie gebeten habe, von dem Tiger zu erzählen. Mandys Mutter stand vor einem Rätsel und wusste nicht, was ihre Tochter meinte. Rosemary bat die Kleine, mehr zu erzählen. Aber sie blieb hartnäckig und wiederholte: »*Erzähl Mami von dem Tiger.*« Rosemary fragte, ob Mandy vielleicht ein Kuscheltier habe, das ein Tiger sei. Die Mutter verneinte.

Rosemary wandte sich nun an ihren Geisthelfer Grauer Adler und bat ihn, ihr zu helfen. Grauer Adler lächelte und zeigte Rosemary Bilder von einer Katze, einem großen weißgestreiften Kater. Rosemary erzählte Mandys Mutter von den Bildern, die sie bekam. Und Mandys Mutter wusste nun: »*Meine Tochter Mandy lebt. Sie kann mich noch immer sehen.*« Und dann erzählte die Mutter, dass sie heute früh aufstand und die beiden Brüder von Mandy zur Schule schickte. Sie wollte die Milchflasche hereintragen, die der Milchmann vor die Haustür gestellt hatte, als plötzlich eine Katze zwischen ihren Beinen durchlief. Sie kam so urplötzlich und unerwartet, dass sie beinahe gestürzt wäre. Es war eine sehr große braunweißgestreifte Katze, die ein kleines Mädchen ohne Weiteres für einen Tiger halten konnte. Mandy war glücklich und zufrieden, weil sie recht gehabt hatte und ihre Mami nun doch von dem Tiger wusste. Und das kleine Mädchen erzählte daraufhin von den vielen alltäglichen Geschehnissen, die sie alle aus der jenseitigen Welt heraus beobachtet.

Weil es für Mandys Mutter wichtig war, schilderte das kleine Mädchen Rosemary auch, wie es zu dem tragischen Unfalltod kam. Mandys Mutter bestätigte die Erzählungen ihrer Tochter, die in einem Augenblick wie ein Kind und in anderen Momenten wiederum sehr erwachsen wirkte. Das lässt sich damit erklären, dass sich unsere Liebsten auch im Himmel weiterentwickeln, weshalb sie Aussehen oder Sprache in der uns gewohnten Eigenheit und Wesensart wählen, um uns nicht zu verwirren und damit wir sie zweifelsfrei wiedererkennen. Auch in den Gesprächen mit unserem Kind wird mir das immer wieder bewusst. Für mich ist es ein Indiz seiner liebevollen Aufmerksamkeit.

Berührend und bedeutsam ist für Thomas und mich ganz sicher die Geschichte des *kleinen Mädchens* Mandy und dem Tiger in Analogie zu unserem *kleinen Mädchen* Freya und die wieder einmal gewonnene Erkenntnis, dass auch Mandy weiterlebt, in der Nähe ihrer Familie weilt und weiterhin an dem Leben ihrer Familie teilnimmt. Gleichzeitig ist für mich das Ende der Geschichte aber auch aus einem weiteren Grunde zauberhaft. Mandys Mutter hatte bis zu ihrem Besuch bei Rosemary keinen Moment Frieden gefunden. Schuldgefühle, Selbstvorwürfe und die verzweifelte Suche nach einem Beweis für das Weiterleben ihrer kleinen Tochter quälten sie. Eben diese kurzen oder lang andauernden Zeiten der Ungewissheit, peinigender Angst und Not, die wohl ein jeder kennt, der einen geliebten Menschen verloren hat. Nun endlich aber hatte Mandys Mutter ihren Frieden finden dürfen, nun, da sie sicher war, dass ihre Tochter den physischen Tod überlebt hat.

Thomas und mir bleibt das intensive Gefühl, dass der Tiger, der morgens auftauchte, als ein Zeichen *unseres* kleinen Mädchens zu betrachten ist. Wenige Wochen später hören wir in der unmittelbaren Nachbarschaft, wie die Familie den kleinen Tiger nach Hause ruft, womit gleichzeitig geklärt ist, wo Tiger zu Hause ist. Wir sind nicht wirklich überrascht, dass der Name des entzückenden Kerls tatsächlich »Tigerle!« ist. Nun mag das angesichts des Tigerfells nicht weiter verwunderlich sein, uns aber hat es gefreut. Seit diesem Sonntag taucht Tiger oder Tigerle täglich bei uns auf. Anfangs gewannen wir den Eindruck, dass er bei uns einziehen wollte. Er war nicht zum Fortgehen zu bewegen. Zweimal brachten wir ihn abends zurück zu seiner Familie, unseren freundlichen Nachbarn, die Tiger(le) über alles lieben. Tiger(le) besucht uns weiterhin regelmäßig. Faszinierend und rührend, dass er zu den Momenten auftaucht, in denen ich ein wenig Aufmunterung oder Herzenswärme benötige.

Unsere Auslegung dieser Geschichte mag nun jeder einschätzen, wie er möchte, für überzogen und gesponnen halten oder aber für das, was es für uns ist – nämlich ein kleines bedeutsames Zeichen, das wir geschenkt bekommen haben. Als Rosemary Mandys Mutter fragte, was von all dem, das an diesem Morgen der Sitzung gesagt wurde, sie nun davon überzeugt hat, dass ihre Tochter den Tod überlebt hat, da antwortete Mandys Mutter ohne zu zögern: »*Der Tiger.*« Und Rosemary hält fest: »*Ein so banaler und doch bedeutsamer Hinweis, der von so großer Kraft war, dass er Mandys Mutter wirklichen Frieden brachte und die echte Einsicht, dass das Leben tatsächlich weitergeht. [...].*«

... und von »Grauer Adler« und der Feder

ICH BIN DER SICHEREN ÜBERZEUGUNG, dass wir mit dem Tod unserer Tochter systematisch zu einer Bewusstseinserweiterung aufgefordert, ja geführt werden. Und jeden Tag, den wir in dieser Welt zubringen, lernen wir ein wenig mehr verstehen. Die letzten Zeilen des *Wesendonck-Liedes*, das Richard Wagner nach einem Gedicht seiner heimlichen und wohl größten Liebe Mathilde Wesendonck komponiert hat, haben mich lange beschäftigt.

> »[...] *Ja, es stieg auch mir ein Engel nieder,*
> *und auf leuchtendem Gefieder*
> *trägt er ferne jeden Schmerz*
> *meinen Geist nun himmelwärts.*«

Immer wieder habe ich diese letzten Zeilen des Liedes neu interpretiert, nie war ich mir meiner Auslegung sicher. Ich glaube, nun durfte ich an genau jenem Sonntag erkennen, was Wagner mit diesem »Erlösungsmotiv« bekunden wollte.

Am späten Nachmittag, an dem wir morgens die erste Begegnung mit Tiger(le) hatten und dann auf wunderbare Weise über das kleine Mädchen und den Tiger lasen, verspürten Thomas und ich den Wunsch, mit Rosemary Kontakt aufzunehmen. Nicht, weil wir wirklich einen Beweis für das Weiterleben unseres Töchterchens benötigen. Dass unser Kind in der jenseitigen Welt und an unserer Seite weiterlebt, dessen sind wir absolut und unwiderlegbar sicher. Ich glaube, es war vielmehr Rosemarys Persönlichkeit, ihre spürbare Herzlichkeit, die uns gefallen hat. Vielleicht möchte Freya uns gerne einmal eine Botschaft auf eine andere Weise, nämlich über dieses sympathische Medium zukommen lassen? Einen konkreten Grund kann ich gar nicht festmachen.

Da wir aber bereits zu diesem Zeitpunkt sehr sicher sind, dass es keine Zufälligkeiten gibt, und uns das Buch nicht einfach aus Zufall in die Hände fiel, erscheint es jetzt wie eine Aufforderung, uns mit Rosemary in Verbindung zu setzen. Hinzu kommt, dass wir seit Freyas Tod »unbewusst« alle Bücher in einer ganz bestimmten Chronologie gelesen haben. Die verschiedenen Werke, ihre Inhalte und ihr jeweiliger Anspruch waren fein aufeinander abgestimmt. Einige der Bücher, die auf ganz unterschiedlichen Wegen zu uns kamen, befanden sich viele Monate im Bücherbord, bevor wir sie dann hervorholten und zu lesen begannen. Hätten wir das eine oder andere Buch zu einem früheren Zeitpunkt gelesen, hätte es uns an Grundlagenkenntnissen gemangelt, es wäre zu Verständnisproblemen gekommen und die Freude am beständigen Weiterlesen und Mehr-wissen-Wollen sicherlich getrübt worden oder uns gar vergangen. So aber haben wir, ohne es zu wissen, wie an einem für uns gesponnenen Faden gelesen, in einer Reihenfolge, die auf unseren jeweiligen Verständnisstand aufbaut. Womit ich nicht sagen möchte, dass alles, was wir gelesen haben, Anklang gefunden hat. Das eine oder andere Buch zählt gewiss nicht zu unseren Favoriten.

An diesem späten Sonntagnachmittag begebe ich mich somit im Internet auf die Suche nach einer Homepage von Rosemary und werde fündig. Beim Zugriff auf die Website muss ich schmunzeln. Eine große weißgraue Feder, wohl angedacht als Synonym für Rosemarys Geisthelfer Grauer Adler, schwebt sacht über das Bildschirmfeld der Hauptdomain. Der Zugriff auf die nachfolgenden Seiten gestaltet sich jedoch mühselig. Immer wieder stürzt die Verbindung ab. Aber ich will nicht aufgeben und zumindest die E-Mail-Anschrift in Erfahrung bringen. Somit muss ich gezwungenermaßen die Hauptdomain wieder und wieder öffnen. Und wieder und wieder schwebt die große weißgraue Adlerfeder sacht über den Bildschirm. Beim zigsten Versuch klappt es dann. Thomas beschließt, Rosemary noch an diesem Abend zu schreiben.

Erst einmal wollen wir jedoch das Grab unseres Kindes besuchen, die Rosen und das Sternenmoos gießen und eine neue Kerze in das kleine Grablaternchen stellen. Ein ewig brennendes Licht ist uns wichtig. Es ist ein Zeichen unserer Liebe, am Tag und in der Nacht. Und dafür stehen auch die Rosenblüten auf dem Grab. Selbst wenn wir wissen, dass die Grabstätte lediglich die physische Hülle unserer Tochter birgt und Freya nicht wirklich dort ruht, sondern sie sich in Gottes Licht befindet, so ist das Grab für uns von bedeutsamer Wichtigkeit. Hier können wir unsere Gedanken noch einmal in einer anderen Weise auf unser Kind und auf alle, die uns vorausgegangen sind, konzentrieren. Und wir wissen und spüren, dass Freya an unserer Seite ist, wann immer wir dort sind. Der Friedhof ist uns mit allen, die dort ruhen, zu einem vertrauten Ort geworden.

Während der kurzen Autofahrt unterhalten wir uns über das Kapitel aus Rosemarys Buch, den plötzlichen Besuch von Tiger(le), über Rosemarys Homepage, samt stetig schwebender Feder von Grauer Adler, und lassen das Erlebte nochmals Revue passieren. Die Erfahrungen des heutigen Tages und die Aussicht, Rosemary zu schreiben, beflügeln uns. Während ich die Rosen und das Sternenmoos auf Trockenheit prüfe, geht Thomas zum Brunnen, um Wasser zu schöpfen. Plötzlich höre ich Thomas rufen: »Schau, was ich gefunden habe!« Und da sehe ich Thomas mit der Gießkanne in der einen Hand und in der anderen Hand hat er eine große weißgraue Feder, die er mit ausgestrecktem Arm bedeutungsvoll in die Höhe hält. Ich muss lächeln. Die Feder sieht weiß Gott aus wie die Feder von Grauer Adler. Nun, es ist natürlich keine Adlerfeder, das wissen wir, es ist wohl eher die Schwungfeder einer Wildtaube. Bisher haben wir noch keine Feder auf dem Friedhof gefunden, oder haben wir nicht darauf geachtet? Aber für uns scheint mit dieser schönen weißgrauen Feder die Geschichte eines Sommertages in wundersamer Weise auszuklingen. Die Geschichte von den beiden kleinen Mädchen und dem Tiger(le), Rosemary und ihrem geistigen Helfer Grauer Adler, dessen weißgraue Feder immer und immer wieder sanft über den Bildschirm glitt und der sich nun irgendwie auch uns zu zeigen scheint …

Seit diesem Tag haben wir immer wieder einmal eine große oder kleine Feder gefunden und natürlich zwischenzeitlich auch die Tauben gesehen, die die Federn verlieren. Aber auch kleine weiße Federn finde ich manchmal mitten auf Freyas Grab, was ich besonders lieb empfinde. Sollte es so sein, dass ein Geisthelfer ein Schutzengel ist, so ist es doch gar nicht verwunderlich, dass wir hier und da eine Feder hingelegt bekommen? Ungefähr zwei Monate nach jenem Sommertag lese ich in dem Buch von Diana Cooper *Die Engel, deine Freunde,* das ich ganz nebenbei in einer Buchhandlung entdeckte: »*En-gel machen dich oft durch kleine weiße Federn auf sich aufmerksam. (...) Die Engel lassen ständig Federn zu uns hinunterschweben, um uns Zeichen zu geben.*« Für mich ist seit diesem Sommertag jede Feder, die ich finde, ein beglückendes Zeichen, dass ein Engel in unserer Nähe weilt und uns umschließt. Und ich denke an unser Töchterchen und weiß ganz innig, *ja, es stieg auch mir ein Engel nieder – und auf leuchtendem Gefieder trägt er ferne jeden Schmerz meinen Geist nun himmelwärts ...*

Welch ein wundervoller Tag und welch wunderbare Geschichte eines Sommertages! Noch am selben Abend schreibt Thomas an Rosemary. Zwar haben wir sie nicht konsultieren können, aber nach drei Wochen einen sehr lieben, einfühlsamen Brief von ihr erhalten.

Tigerle wurde ein Freund, der mich regelmäßig besucht hat. Seinen Lieblingsplatz zum Schlafen fand er allein und ungeniert auf dem Bärchenkopfkissen in Freyas Himmelbett, direkt neben Lämmchen ... Und wenn ich an meinem Buch arbeitete, saß er mir gerne gegenüber auf dem Stuhl und schnurrte. Tigerle wurde im darauffolgenden Frühjahr von der Eisenbahn erfasst. Aber ich halte ein Bild in meinem Herzen fest – *vom kleinen Mädchen und dem Tiger ...*

Es hat seine Zeit gebraucht, aber nun ist wieder ein kleines Buch angelegt, in dem ich jedes berührende Erlebnis festhalte. Ich musste erst lernen, meine Sinne zu sensibilisieren und meinen Sinnlichkeiten zu vertrauen, um ein anderes Empfinden zu gewinnen – eine neue Wahrnehmung der Natur und der Seelen in dieser und der jenseitigen Welt. Mein Geist funktioniert heute klarer denn je, und ich scheue mich nicht, meine

Erfahrungen auszusprechen, darüber zu erzählen, in alltäglichen Begegnungen oder in gezielten Gesprächen. Indem ich über alles offen spreche, erfahre ich nicht nur ein großes Vertrauen, sondern auch die wertvollen Wahrnehmungen anderer Menschen. Und überhaupt, der Volksmund tut viele Weisheiten kund – und liegt nicht in jeder Erzählung, und selbst in jedem Märchen, ein kleines bisschen Wahrheit? Wir haben unsere Wahrheiten, denn wir haben unsere Erlebnisse, und die sind real. Und wann immer ich heute das Bild unseres Kindes betrachte, spüre ich tief in meiner Brust: »*Nein, Mami, es ist nicht nur ein Bild!*«

Epilog

> »*Wunder geschehen nicht*
> *gegen die Naturgesetze,*
> *sondern nur gegen das,*
> *was wir von ihnen wissen.*«
>
> (Augustinus)

So habe ich mich auf den Weg gemacht, um unser Kind und all die anderen Seelen, die uns vorausgegangen sind, zu suchen. Indem ich zurückgeschaut habe und von der Gegenwart lernen konnte, hat sich mein Herz geöffnet und viele Zusammenhänge verstehen gelernt. Ich habe gelernt, nicht nur in die Höhe zu schauen, sondern darauf zu achten, was zu meinen Füßen liegt. Habe gelernt, meine Augen auf dem Wesentlichen ruhen zu lassen, und dadurch Dinge zwischen Himmel und Erde erfahren, von denen mein Geist nicht zu träumen gewagt hätte. Nun weiß ich, dass die Seele unseres Kindes nicht *irgendwo* umherfliegt oder *irgendwo* im Himmel ist. Ich muss nicht länger suchen, denn ich spüre sie immer in unserer Nähe. Sie befindet sich in einer einzigen Rosenblüte, in einem einzigen Stern, in einem einzigen Gedanken, in meinem Herzen und in den Wimpern meiner Augen.

Ja, ich habe klären können, was der Himmel für mich ist, dass er nicht weit entfernt von unserer Welt ist. Eine andere Ebene, sicherlich. Aber vielleicht ist diese Ebene nur wenige Meter oder Zentimeter an unserer Seite?! Ich habe einen winzigen Teil einer unendlichen Wahrheit erfahren dürfen, und das ist mehr als der kleine Funke Hoffnung, der mich auf die Suche geschickt hat. Wie es im Himmel genau aussieht, ob es dort eine rechte oder linke Tür für die Anklopfenden gibt, das möchte ich nicht wissen – es ist so geheimnisvoll, dieses »fremde« Land. Und ist es nicht schön, noch ein wenig träumen zu dürfen und sich auf das Wiedersehen zu freuen? Ich habe eine Rose, die niemals verblüht, deren lieblicher Duft mich auf ewig umschließt ...

> *»Mir ist mein ganzes Leben zumut,*
> *als ginge mein Weg oft*
> *an der Hecke des Paradieses vorbei.*
> *Dann streift mich ein warmer Hauch,*
> *dann mein' ich, Rosen zu sehn*
> *und zu atmen,*
> *ein süßer Ton rührt mich zu Tränen,*
> *auf der Stirn liegt es mir*
> *wie eine liebe friedegebende Hand –*
> *sekundenlang.*
> *So streife ich oft vorbei*
> *an der Hecke des Paradieses ...«*

(Christian Morgenstern)

Genau zum dritten Todestag unseres Kindes habe ich mein Buch beendet und mein Versprechen eingelöst. In Freyas Lieblingskirche möchten wir die Messe besuchen. Ich hole meine Schuhe aus der Garderobe und bemerke nicht, dass drei getrocknete Rosen auf dem Boden liegen. Thomas macht mich darauf aufmerksam. Ja, es sind *drei weiße Rosen* von Freyas Beisetzung, die wir mit einem Band gehalten aufgehängt haben. Auf die Stunde und Minute (!) genau drei Jahre, nachdem unser Kind auf seine Reise ins Licht gegangen ist, ist das Band porös und zerfallen ... Steht die weiße Rose als »Symbol des Todes«, so wissen wir in diesem Moment, Freya gibt uns ein Zeichen: »*Mami und Papili, ich lebe! Und es sind drei Jahre weniger auf eurem Weg zu mir, nach Hause ...*«

»Die Tage vergehen«, sprach die Liebe,
»aber ich warte auf dich.«

(Rabindranath Tagore)

Dank

Ramona Patzak,
Klaus Sachsenberg und
Monsignore Walter Waldschütz
für die tiefe Freundschaft;

meinen Eltern und Geschwistern,
meinem Mann und unserem
Töchterchen Freya,
unseren Sternenkindern und
allen himmlischen Helfern
für ihre Liebe ...

Literatur

Rosemary Altea: *Sag ihnen, dass ich lebe*. Goldmann Verlag, München 1996

Wolfgang Bauer/Irmtraud Dümotz/Sergius Golowin: *Lexikon der Symbole*. Heyne Verlag, München 2001

Die Bibel. Einheitsübersetzung der Heiligen Schrift. © 1980 Verlag Katholische Bibelanstalt, Stuttgart 1980

Diana Cooper: *Die Engel, deine Freunde*. Ludwig/VVA, München 2002

Ian Currie: *Niemand stirbt für alle Zeit – Nahtoderfahrungen*. Orbis Verlag, München 2000

Arthur Ford: *Bericht vom Leben nach dem Tode*. Verlagsgruppe DroemerKnaur, München 1994

Judy Hall: *Die Weisheit der Edelsteine und Kristalle*. Urania Verlag/AGM Müller, Neuhausen/Schweiz 2002

Edith Heine: »Blumenelegie«. Aus: *Wie ein Blatt im Wind*. Laumann-Verlagsgesellschaft, Dülmen 1984

Knaurs Lexikon der Symbole. Verlagsgruppe DroemerKnaur, München 1997

Elisabeth Kübler-Ross: *Über den Tod und das Leben danach*. Verlag »Die Silberschnur«, Güllersheim, 27. Aufl. 2004

Das Manfred Kyber Buch. Rowohlt Verlag, Reinbek, 24. Aufl. 2003

Mondlied. Aus: *Quasimodo – Der Glöckner von Notre Dame*. Lyrics: Maria Caleita. Verlag: Whale Songs Communications, Hamburg 1988

Raymond A. Moody: *Leben nach dem Tod*. Rowohlt Verlag, Reinbek, 35. Aufl. 2004

Raymond A. Moody: *Nachgedanken über das Leben nach dem Tod*. Rowohlt Verlag, Reinbek 2002

Morgenstern, Christian: *Gedichte*. Insel Verlag, Frankfurt 2004

Wolfgang Amadeus Mozart: *Zaide*, KV 344, »Ruhe sanft, mein holdes Leben«

Rudolf Passian: *Abschied ohne Wiederkehr?*. Otto-Reichl Verlag, St. Goar, 5. Aufl. 1988

Giacomo Puccini: *Madame Butterfly*, »Già il sole – Die Sonne ist aufgegangen«

Milan Rýzl: *Das große Handbuch der Parapsychologie*. Ariston Verlag, München 1997

Antoine de Saint-Exupéry: *Der kleine Prinz*. Karl Rauch Verlag, Düsseldorf, 55. Aufl. 2000

Die Schöne und das Tier. Musical von Jan Aust (Bearbeitung und Lyrics) und Thomas E. Killinger (Musik und Arrangement) nach dem Roman von Jeanne-Marie »Le Prince de Beaumont«. Verlag: Whale Songs Communications, Hamburg 1992

Franz Schubert: *Im Abendrot*, Schubert-Lied nach dem Gedicht von Karl Lappe, D 799 (1824 o. 1825)

Sterbeduett. Aus: *Quasimodo – Der Glöckner von Notre Dame*. Lyrics: Maria Caleita. Verlag: Whale Songs Communications, Hamburg 1992

W.H.C. Tenhaeff: *Kontakte mit dem Jenseits – Der Spiritismus-Report*. Ullstein Verlag, München 1995

Richard Wagner: *Wesendonck-Lieder, Der Engel*